“数”说三国

陈东栋 卢声怡 著

海峡出版发行集团
海峡文艺出版社

图书在版编目(CIP)数据

"数"说三国/陈东栋,卢声怡著. 一福州:海峡文艺出版社,2019.11(2024.3 重印)
ISBN 978-7-5550-2048-6

Ⅰ.①数… Ⅱ.①陈… ②卢… Ⅲ.①小学数学课—课外读物 Ⅳ.①G624.503

中国版本图书馆 CIP 数据核字(2019)第 239730 号

"数"说三国

陈东栋 卢声怡 著
出 版 人 林 滨
责任编辑 康 凯
出版发行 海峡文艺出版社
经 销 福建新华发行(集团)有限责任公司
社 址 福州市东水路 76 号 14 层
发 行 部 0591—87536797
印 刷 三河市兴博印务有限公司
厂 址 河北省廊坊市三河市杨庄镇大窝头村西
开 本 787 毫米×1092 毫米 1/16
字 数 100 千字
印 张 8.5
版 次 2019 年 11 月第 1 版
印 次 2024 年 3 月第 4 次印刷
书 号 ISBN 978-7-5550-2048-6
定 价 42.00 元

目 录
contents

"数"说三国

文 / 陈东栋

三国时期，刘备、关羽和张飞三人在桃园结义，准备闯出一片天地。后来，刘备还请来了当时最著名的学士——诸葛亮。

张飞见刘备对诸葛亮十分敬重，心里十分不悦，说："大哥，打仗靠的是勇敢的将领和士兵，你请个手无缚鸡之力的文人来干什么？"

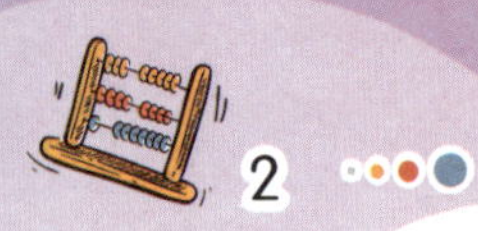

“你知道什么叫‘运筹帷幄，决胜千里’吗？”刘备反问道。

张飞挠了半天头，也想不明白这两句话的含义。

一天，传令兵飞奔进入军帐：“报！军师，我城正北方向发现曹军！”

诸葛亮十分镇定，问：“来敌有多少人？”

传令兵回答：“敌军的先行骑兵约 800 人，是弓箭手人数的 2 倍，还有大批的步兵，人数约是弓箭手的 5 倍！”

诸葛亮摇了摇羽扇，说：“敌军的人数不多，骑兵 800 人，弓箭手 400 人，步兵 2000 人。”

关羽、张飞、赵云等将军请求带兵迎敌。

诸葛亮拿出兵符，命令关羽和赵云各带 1000 名士兵前往迎战。

这可急坏了张飞，他嚷道："二哥和赵兄弟都带兵出战了，军师为何只留我一人？"

诸葛亮指着地图，笑道："张将军另有重任，你带 500 名士兵，从东门出发，向北偏东 30 度方向行 2500 米到达街亭，再从街亭向北偏西 60 度方向行 2000 米到达松树林，然后躲藏在树林中，只要曹军溃退到此，张将军便截断他们的退路，我军即可大获全胜！"

张飞不满地说："二哥带 1000 名士兵打头阵，为何我只有 500 名士兵断后路？"

诸葛亮笑道："打败兵，有 500 名士兵足够了！断后路既可防止曹军逃跑，也可防止曹军接应。"

张飞这才明白了军师的用兵之计，他挠了挠头，不好意思地说："军师，你说的方向，我记不住，你给我画张图吧！"

诸葛亮拿起笔画了一张图递给张飞，说："我在营中静候张将军得胜归来！"

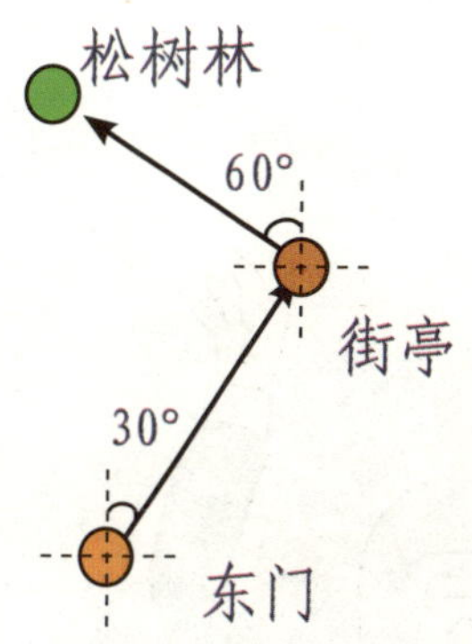

第二集

关羽和赵云两位将军，以一当百，杀得曹军丢盔弃甲，落荒而逃。当战败的曹军跑到松树林时，张飞大吼一声：“哪里跑！”他带领士兵从松树林里杀了出来。

刚刚吃了败仗的曹军，见了手持丈八蛇矛的张飞，吓得魂飞魄散，无心应战，纷纷举手投降。张飞不费吹灰之力便取得了胜利。

张飞心里暗暗敬佩诸葛亮料事如神，对“运筹帷幄，决胜千里”这句话有了更深的理解。

“祝贺三位将军得胜归来！”诸葛亮在军营前迎接关羽、赵云、张飞。

军帐里，三位将军向军师汇报缴获兵器和抓捕俘虏的情况。

关羽说：“这次迎战曹军，我和赵云将军缴获大刀846把、长矛492支、弓箭208副、长戟1154支。”

张飞得意地说：“我大吼一声，曹军便被吓破了胆，所有逃兵都当了我的俘虏，其中骑兵 438 人、弓箭手 377 人、步兵 1062 人。”

诸葛亮微笑着说：“三位将军缴获颇丰，这次战斗，我军共缴获兵器 2700 件，俘虏士兵 1877 人！”

张飞心里纳闷了，问道：“军师，你如何这么快就算出了缴获兵器和抓捕俘虏的数量呢？”

诸葛亮拿起笔写了个算式：846 + 492 + 208 + 1154 =（846 + 1154）+（492 + 208）= 2000 + 700 = 2700，438 + 377 + 1062 = 438 + 1062 + 377 = 1877。

“原来军师是这么计算的，难怪又快又准。”张飞恍然大悟。

经过这件事之后，张飞再也不敢小瞧这位看似文弱的军师了。

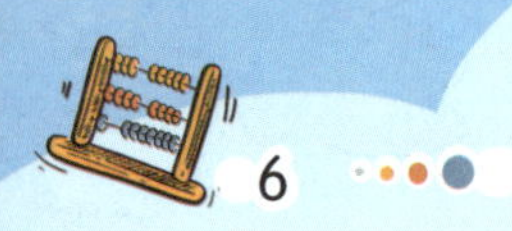

第三集

曹军吃了败仗后，一直不敢来犯，张飞没有仗打，闲着难受，天天到诸葛亮的军帐中叫嚷着要带兵打仗。

张飞说："军师，你调几百名士兵给我，我要冲进曹营活捉曹操！"

诸葛亮也拿张飞没有办法，只能耐心劝说："打仗不是靠一个人的勇猛就能取胜，还要看天时、地利，如今曹军躲在城中，凭你几百号人马，如何攻城？"

"我不管！"张飞听不进诸葛亮的劝说。

诸葛亮故意板着脸说："张将军，士兵我一个不给，不过上次抓获的俘虏你可以进行训练，到时就归你指挥！"

于是张飞从俘虏中挑了一些弓箭手、骑兵和步兵，开始了训练。别看张飞平时做事粗心，可带兵训练却很认真，他平时吃住都和士兵们在一起，士兵们见他没有架子，所以训练起来也特别认真，诸葛亮看在眼里喜在心里。

一次，诸葛亮又去视察张飞的训练情况，张飞布起了"八卦阵"，这八卦阵以天、地、风、云、龙、虎、鸟、蛇等命名，变化无常，如果被此阵围

住，很难逃脱。

诸葛亮称赞道："张将军真是将才呀！"

张飞见诸葛亮高兴，便向他要兵器、钱粮，准备犒赏军队。

诸葛亮反问道："张将军准备怎样犒赏军队？"

张飞说："我要给弓箭手每人发 56 支箭，每个士兵发 2 斤酒和 5 斤肉！"

诸葛亮说："你算一下，要多少支箭和多少斤肉，酒可没有。"

张飞拿起笔算了起来，125 名弓箭手，每人 56 支箭，125×56；234 名骑兵，641 名步兵，125 名弓箭手，每人 5 斤肉，即 $234\times5+641\times5+125\times5$。

可张飞算了半天，也没算出来，他不好意思地说："军师，你知道我的算术不行，你帮我算一下吧。"

诸葛亮看了一下算式后，直接报出了答案："$125\times56=125\times8\times7=7000$ 支箭，$234\times5+641\times5+125\times5=(234+641+125)\times5=5000$ 斤肉，过会我就让人送过来！"

第四集

一天晚上，张飞悄悄带上自己的 1000 名士兵溜出军营，朝曹军方向行进。他以为自己夜晚偷袭曹营，定能大获全胜。

张飞带兵冲进曹营，发现军帐中一个士兵也没有，这才知道中了埋伏，大喊："我们中了埋伏，快撤！"这时曹营四周涌出许多士兵，把张飞团团围住，张飞以死相拼，才杀出一条血路。

张飞带着剩下的士兵逃回了自己的大营，诸葛亮闻讯后立刻赶来，责问道："张将军怎么能如此鲁莽，你知道损失了多少士兵吗？"

张飞垂头丧气地说："弓箭手损失了 43 人，骑兵损失了 96 人，步兵跑得慢，损失了 361 人。"

诸葛亮心痛地说："你这莽汉，1000 士兵就剩下

1000 − 43 − 96 − 361 = 1000 −（43 + 96 + 361）= 500 人，你如何对得起这些战死的将士？”

“来人，把张将军拖出去按军法处置！”诸葛亮命令。

刘备和关羽、赵云等将军赶紧出面为张飞求情，诸葛亮说：“死罪可免，活罪难逃，鞭打 500，另外罚写 5000 个大字！”

这张飞什么都不怕，最怕读书写字，可诸葛亮军令已下，他也只好乖乖服从。

张飞问关羽：“二哥，这 5000 个大字，如果我每天写 4 个小时，25 天写完，每小时要写多少个大字？”

关羽算了一下，说：“5000 ÷ 25 ÷ 4 = 5000 ÷（25 × 4）= 50，你每小时要写 50 个大字！”

张飞张大嘴巴叫道：“啊，每小时要写 50 个大字，这下我可惨了！”

关羽笑道：“谁让你不听军师的话，私自出战，活该！”

第五集

张飞每天都被诸葛亮叫去练字，虽然字没写好，但还真认了不少字。

没想到，张飞会认字以后还迷上了兵书，天天跟在诸葛亮屁股后面问这问那，关羽、赵云等将军笑道："祝贺军师收了一位好问的学生。"张飞见大伙笑话他，两眼一瞪，吼道："你们懂什么，这叫不耻下问。"

刘备笑道："三弟，几日不见，当刮目相看啊！"

一天，哨兵来报，十几万曹军正向我方进军。诸葛亮当即布置作战任务："关羽和赵云两位将军各带 5000 名士兵前去阻敌，尽可能拖延时间，主公和我带领百姓撤离！"张飞着急地问："军师，那我干什么呢？"

诸葛亮指着地图说："长坂坡！此地非常关键，你去守住这里，决不能放曹军一兵一卒过河！"

由于士兵都被派去迎敌了，张飞只带了 200 名老兵镇守在长坂坡。

"报告张将军，前方发现曹军！"哨兵回报。

张飞问："有多少人？"

哨兵："手拿长矛的有 2450 人，

手拿长剑的有 3400 人，其中有 120 人既拿长矛又拿长剑，还有 270 人没拿兵器。”

张飞在地上写了个算式，2450 + 3400 = 5850 人，减去重复计算的 120 人，再加上没拿兵器的 270 人，一共有 5850 − 120 + 270 = 6000 人。

“敌人这么多，我们只有 200 人，一个要打 30 个，肯定打不过的，我们快撤吧！”其中一个士兵提议道。

张飞两眼一瞪：“我宁可战死沙场，也决不做逃兵！”

士兵嘀咕道：“这不是送死吗？”张飞笑道：“你们按我吩咐去做，曹军绝不敢过桥！”说完，张飞让 200 名士兵砍了一些树枝，并让他们把树枝绑在马尾上，骑着马在山坡后来回拖动。

曹军赶到桥边，只见张飞手握丈八蛇矛，挺立桥头。

“不怕死就放马过来！”张飞大声地叫道。

曹军见张飞身后尘土飞扬，好似有千军万马，只好掉转方向，去别的地方了。

第六集

张飞施计吓退了6000名曹军，保证了百姓安全撤退，立了大功。

在庆功宴上，关羽称赞道："三弟不简单啊，没想到你也学会用计了！"

"张将军这次立了头功，你想得到什么奖赏？"诸葛亮摇着羽扇乐呵呵地问。

张飞尝到了打仗用计的甜头，他立刻说："军师，我视金银财宝如粪土，我只想军师能再教我几招用兵打仗的计策。"诸葛亮笑道："张将军嗜酒如命，这次立了大功连酒也不要了？"

张飞涨红了脸说："要是再赏我一桶酒，那就更好了！"

第二天，关羽在街上遇到跌跌撞撞的张飞，问："三弟，你怎么又喝醉了？"

张飞抱着大酒壶，浑身酒味，满脸通红，说："今朝有酒今朝醉，这才是我张飞的个性。"

关羽见张飞喝醉了，生怕他酒后闹事，便搀扶他回府。路上，关羽问："三弟，今

天喝了多少酒，怎么醉成这样？”

张飞醉酒后，说话也不利索了，他吞吞吐吐地说：“平时，你……你们都笑……笑话我，说我没文化，今……今天我也出道题考考你。”

关羽笑道：“你还出题考我，说吧！”

张飞说：“我今天出门带了一壶酒，到现在总共喝了 3 次，每次我喝掉其中的一半还多一两，现在壶中还剩下 5 两酒，你说我今天喝了多少酒？”

关羽想了想说：“每次喝掉壶中的一半多一两，现在壶中有 5 两，那你第三次喝前有（5 + 1）×2 = 12 两，第二次喝前有（12 + 1）×2 = 26 两，第一次喝前，也就是原来壶中有（26 + 1）×2 = 54 两，今天你喝了 54 − 5 = 49 两。”

张飞大呼“佩服”，关羽把张飞送到府上，关切地说：“三弟，你喝得太多了，49 ÷ 16 = 3……1，你今天喝了 3 斤 1 两。”（古代 1 斤 = 16 两）

张飞：“不多，我还能再喝 5 斤！”说完倒头就睡着了，那鼾声一里地外都能听到呢。（1 里 = 500 米）

第七集

一天，张飞来到诸葛亮帐中串门，见诸葛亮蹲在地上摆弄小石子。张飞笑道："哈哈，没想到军师还喜欢玩小孩子的游戏。"诸葛亮招呼张飞坐下，说："张将军不是要我教你排兵布阵吗？今天我们就一起来研究一下。"张飞听说军师要教自己排兵布阵，欣喜若狂，连忙蹲在地上，认真地听了起来。

诸葛亮摆了一个实心方阵后，解释道："这种实心方阵最常见，根据每排士兵的数量及排数，就能求出这个方阵的人数，例如每排有 50 人，共 30 排，那这个方阵就有 1500 人。"

张飞说："这种布阵利于防守，我不喜欢，我喜欢进攻型的方阵！"

诸葛亮又摆了一个实心的三角形阵，说：“这种方阵，就像一把利刃，直插敌人心脏！”

“这种阵又该如何计算士兵的数量呢？”张飞问道。

诸葛亮说：“这种阵一般每向后一排增加1人，如1，2，3，4，…，所以计算士兵的数量时，只要用首排人数加尾排人数除以2，再乘以排数，比如首排1人，尾排19人，那么这个阵型就有（1＋19）÷2×19＝190人。”接着诸葛亮又补充道：“如果敌人排成等腰梯形的阵势，也可以用同样的方法求出人数，比如首排12人，尾排36人，

每向后一排多 1 人，那总人数就有（12 + 36）÷2×25 = 600 人。”

张飞问：“敌人为了保护他们的将军，经常排出空心方阵，这又该如何计算人数呢？”

诸葛亮摆了一个三层的空心方阵，最外一层每边有 20 个士兵，他指着方阵说：“由于方阵四个角上的士兵算了 2 次，所以最外层有 20×4 − 4 = 76 人。每向里一层每边士兵数就减少 2 人，所以第二层有 18×4 − 4 = 68 人，第三层有 16×4 − 4 = 60 人，所以三层共有 204 人。”

诸葛亮起身，抓了一包小石子递给张飞说：“排兵布阵，千变万化，我们一定要提前做好各种准备。”

张飞掂了掂手中的石子，感慨道：“没想到这小小沙盘上的石子，就是沙场上的士兵，能摆出这么多的方阵，我回去一定要好好研究！”

第八集

刘备派诸葛亮去东吴游说，想联合东吴共同抗曹。诸葛亮舌战群儒，终于说服了东吴的孙权共同抵抗曹军。

东吴的大都督周瑜天生肚量小，眼里容不下诸葛亮，便想设计加害他。一天，周瑜问：“孔明兄，在水面上打仗，什么武器最厉害？”诸葛亮不假思索地回答：“当然是弓箭了！”周瑜见诸葛亮上钩了，话锋一转，以抗曹大将军的口吻命令道：“孔明兄，我现在任命你为军需处总管，十天内造出十万支箭。”诸葛亮知道周瑜想加害自己，他掐指一算，自信地说：“只要三天就能交上十万支箭。”他还签下了军令状。周瑜心里暗暗高兴：“签了军令状，到期完不成任务，我就能名正言顺地杀了你。”

头两天，诸葛亮到处闲逛，根本不去督促士兵们造箭。到了第三天晚上，江面被浓雾笼罩，诸葛亮带了几百名士兵划着装满稻草人的小船来到曹军阵前，200 艘小船一字排开，擂鼓呐喊，曹军发现有敌军来犯，不敢贸然出击，便用弓箭射击。不一会儿，200 艘小船上的稻草人插满了箭。就这样，诸葛亮轻松地完成了十万支弓箭的制造任务。

诸葛亮草船借箭的事传到张飞耳朵里，张飞钦佩得五体投地，他立刻赶到东吴，问："军师，你草船借箭的事，现在可是家喻户晓。你当初立下军令状，如果完成不了任务，可就危险了。"

诸葛亮摇着羽扇笑道："我料定三天内江面上必有大雾，而且断定曹军肯定追不上我！"

张飞纳闷了，问："小船最快每分钟能行 50 米，而曹军的战舰每分钟可以行 60 米呀。"

诸葛亮画了一张图：

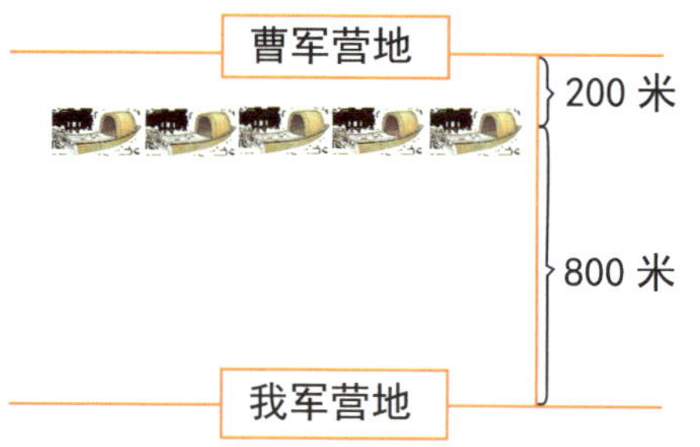

诸葛亮指着图解释道："小船离曹军营地 200 米，当曹军发现上当后，要想追上我，必须要 200 ÷（60 − 50）= 20 分钟，而小船划到我军营地只需要 800 ÷ 50 = 16 分钟。"

张飞这才明白诸葛亮为什么敢签军令状，因为他胸有成竹。

诸葛亮拍着张飞的肩膀说："打仗不可靠一人之勇，要想取胜，天时、地利、人和，三样缺一不可啊！"

第九集

曹操率领80万大军南下，而孙刘联军才10万多，兵力差距很大。由于长江的阻隔，曹操只能安营扎寨，一面加紧建造战舰，另一方面又派出蒋干去劝降。

蒋干来到东吴，对众位大臣说："曹丞相拥兵80万，以你们的兵力迎战，好比以卵击石！"

诸葛亮笑道："曹操长期在北方打仗，骑兵一定很多吧？"

蒋干得意地说："曹军的骑兵是水兵的3倍，而步兵又是骑兵的2倍，每人向江里扔根马鞭，就能阻塞长江！"

诸葛亮听后哈哈大笑起来："再多也尽是些旱鸭子！"

蒋干不屑地问道："你没去过曹营，难道你知道曹丞相有多少水兵？"

诸葛亮在地上画了个图：

“蒋干，你刚才不是告诉我们了吗？曹军总共有 80 ÷（1 ＋ 3 ＋ 6）＝ 8 万水兵，24 万骑兵，48 万步兵。”

蒋干见军事机密泄露，只好灰溜溜地走了。

虽说曹军人数众多，可大多数是旱鸭子，在船上站一会儿就晕头转向，哪还能打仗，这可急坏了曹操。

大学士庞统故意献计给曹操，让他铸造铁链，把战船锁在一起，再铺上木板，这样即使遇到再大的风浪，士兵行走在上面仍如在平地上一样，曹操听后大加赞赏。

一天，诸葛亮和张飞在江边视察军情，张飞见曹军水寨里的战舰既大又多，几十艘战舰连在一起，心里不由担心起来：“军师，你看曹营里每 44 艘战舰连成一排，有 25 排，共有 1100 艘，如果打过来……”

诸葛亮笑道：“这 1100 艘战舰如果分多路来犯，是很有威力，可连在一起，我看就像一堆柴火。”

张飞怎么也想不明白，这些战舰在军师眼里怎么成了柴火，他不敢多问，只是挠挠头。

原来，诸葛亮早和周瑜商量好了，用火攻曹军。曹军的船被铁链锁住，转眼间便成了一片火海，孙刘联军取得了胜利。

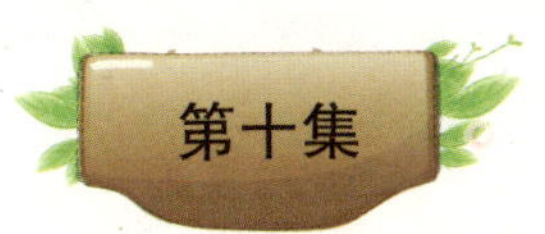

第十集

诸葛亮见赤壁变成一片火海，立刻召集关羽、张飞、赵云等大将开会。

张飞乐呵呵地问：“军师，虽说我们打了个大胜仗，但不用晚上就开庆功宴，明天再开也不迟啊！”

关羽：“二弟，军师叫我们来肯定有重要作战任务，你休得胡言！”

诸葛亮一言不发，摇着羽扇静观地图好长时间，突然他拿笔在地图上圈了四个圆，笑道：“曹操这下插翅也难逃了！”

张飞按地图所示，在沙盘上标出了这四个地方：分别是赤壁、乌林、葫芦口和华容道。

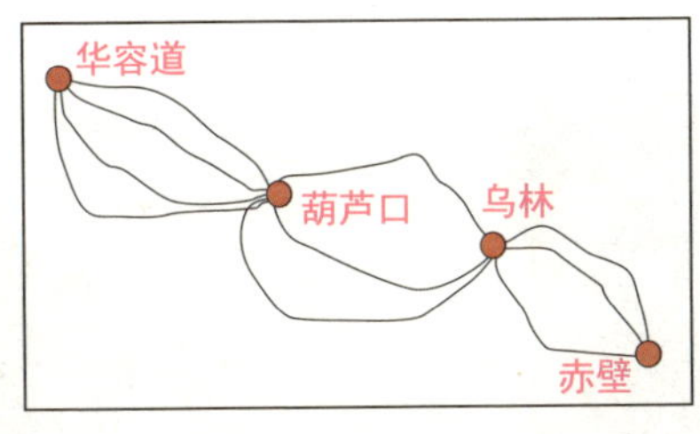

“这就是曹操逃跑的路线图！”张飞得意地说道。

诸葛亮笑着问：“张将军，那你知道曹操这次逃跑共有多少种不同的走法吗？”

张飞想了想说：“曹操从赤壁逃到乌林有 3 种走法，从乌林到葫芦口又有 3 种走法，所以从赤壁到葫芦口，曹操就有 $3 \times 3 = 9$ 种不同的走法，而从葫芦口到华容道有 4 种走法，所以赤壁到华容道共有 $9 \times 4 = 36$ 种走法！”

诸葛亮笑道：“没想到我们的张将军还是一位帅才啊！”

张飞涨红了脸，不好意思地说：“全靠军师指点，请军师布置任务吧！”

诸葛亮手指沙盘命令道："赵将军率 1000 名士兵埋伏于乌林，张将军带 1000 名士兵埋伏于葫芦口，关将军带 500 名士兵埋伏于华容道！"

果然，赤壁大败后，曹操带着几百名士兵逃至乌林，刚想休息时，从林中窜出一队人马，为首的赵云大喝一声："我奉军师之令，在此等候多时了！"曹操落荒而逃，刚到葫芦口，就见张飞杀奔而来。曹操疲于应付，当他来到华容道时，清点人数，发现手下只剩几员大将和几十名士兵。这时，关羽带兵杀出，包围了曹操。

话说关羽，他为人善良，在曹操的一再恳求下，关羽念昔日旧情，最终放走了曹操。

曹操赤壁大败后，元气大伤，刘备乘机攻占了襄阳和荆州，建立了自己的根据地。

人鱼国奇遇记

文／陈东栋

在太平洋上，一艘轮船遇上了风暴，乌巴和田雨被海浪卷入了海底。

“这是哪儿？”田雨睁开眼一看，发现自己和乌巴正躺在一个水晶盒中，水晶盒的外面是海水。

“人类，你们好！”这时游来了一个奇怪的生物，他的上半身和人类一样，只是没有长脚，而是长了一条鱼一样的尾巴，身上还穿着奇特的鱼鳞服。

“美人鱼！”兄弟俩不约而同地叫起来。

奇怪的生物说：“我不叫美人鱼，我叫鱼海，是人鱼王国的王子！”

“你从哪里来的？为什么要救我们？你怎么能在水中生活？”田雨一口气问了好几个问题。

鱼海王子钻进水晶盒，说：“几百万年前，我们和你们一样也是生

活在陆地，可后来海水淹没了所有的陆地，我们就搬到水中生活，慢慢地，我们的腿变成了和鱼一样的尾巴，还长出了鱼鳃，所以我们能在海水中生存，这次我救你们，是想得到你们的帮助。”

田雨说：“我们在海中连生存都成问题，怎么能帮上你呢？”

鱼海拿出两个水晶球一样的东西，说：“这是海水滤氧器，你们戴上它就能在水中自由活动了！”

乌巴戴上后，得意地说：“还真管用，要是戴上它参加潜水比赛，我肯定能拿冠军！”

田雨问：“鱼海王子，你说吧，需要我们做什么！”

鱼海王子叹了口气说：“在这个海底除了我们人鱼族，还有一个大家族就是章鱼人，他们和章鱼一样长有许多脚，脚上有吸盘，能牢牢地吸住任何东西，而且他们从你们人类那里学会了数学，在海洋中到处设置数学机关，还抓走了人鱼国的国王。”

乌巴抢过话说道："哈哈，解数学题？你找对人了，田雨获得过数学比赛的金奖，我也得过铜奖！"

鱼海王子连忙拿出一个贝壳，上面有一行字和一个算式：

人鱼族王子：请准备 AB 颗海珠，在 CD 月 E 日到珊瑚林交换你们的国王。

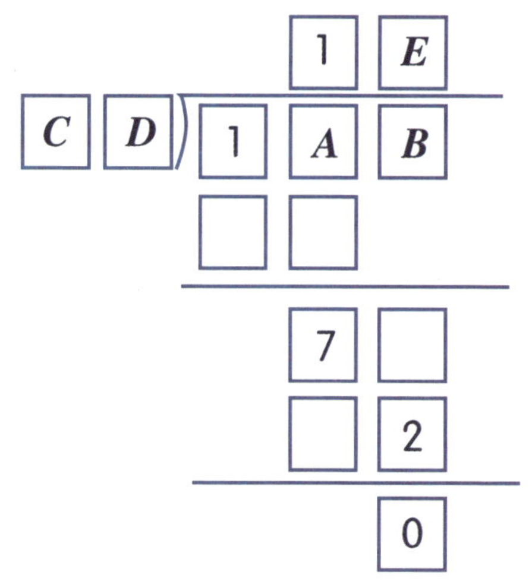

田雨仔细研究了这个竖式后说："鱼海，章鱼人要你准备 92 颗海珠，在 12 月 6 日去交换你的父王！"

同学们，你们知道田雨是怎么知道的吗？

第二集

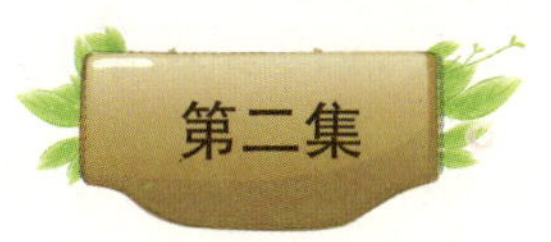

鱼海问："田雨，你能确定章鱼人索要的海珠的数量和交换日期吗？"

田雨解释道："被除数的最高位是 1，商的最高位也是 1，说明除数的十位上是 1，现由除数与一个数相乘，积是 72，我们可以想到这样两个算式：12 × 6=72 和 18 × 4=72。再结合被除数十位上的余数是 7，说明除数和商的十位上的数相乘的积的个位数字是 2，所以除数是 12，192 ÷ 12=16，AB=92，CD=12，E=6。"

$$\begin{array}{r} 16 \\ 12\overline{)192} \\ 12 \\ \hline 72 \\ 72 \\ \hline 0 \end{array}$$

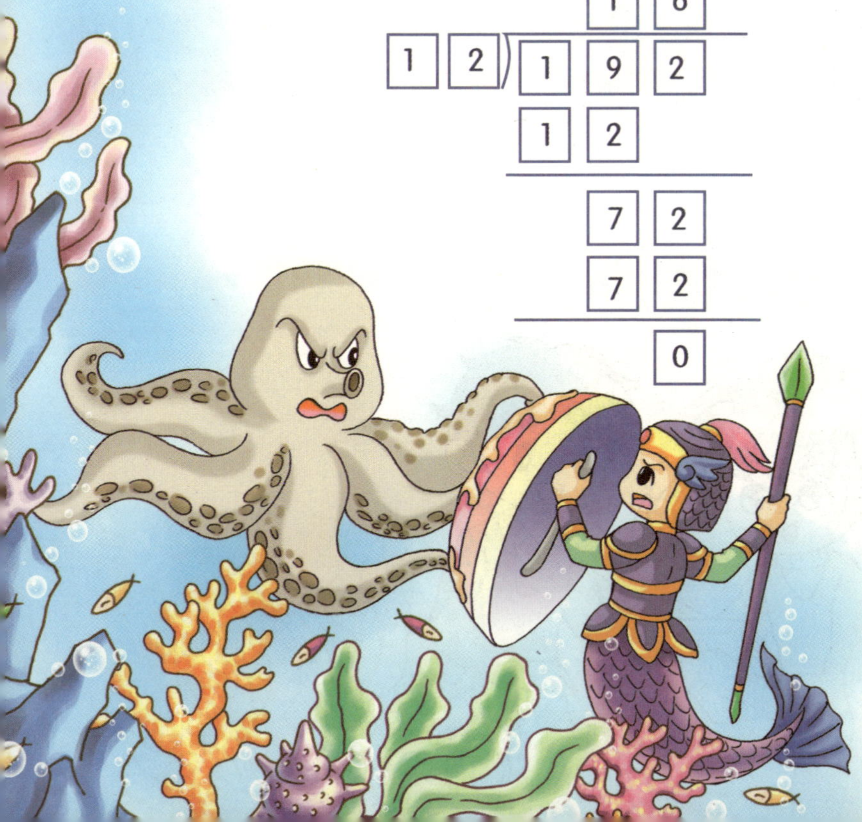

乌巴问："海珠是不是长在贝壳里的珍珠？"

鱼海："不是，海珠长在我们人鱼的体内。人鱼死去后，海珠吸收我们的能量慢慢长大，能发出明亮柔和的光，正因为有海珠，所以几千米深的海底才有亮光。"

田雨握紧拳头说："决不能让海珠落入强盗的手里，我们要打败章鱼人，救出老国王！"

鱼海担忧地说："章鱼人的触角可厉害了，被他们吸住根本跑不了！"

田雨自信地说："我有办法！"

说完，他和乌巴在海底沉船中找来了许多强力胶水和铁盾牌。

12 月 6 日，田雨带领人鱼国的士兵藏在珊瑚丛中。

不一会儿，哨兵急匆匆赶来汇报："发现章鱼人押着老国王正朝我们游来！"

"来了多少？"乌巴问道。

"没数清，他们排成一个正五边形，每边都有三个章鱼人，老国王被围在中间。"

“3×5=15，啊！来了15个章鱼人，我们打不过他们。”鱼海说道。

乌巴：“鱼海你算错了，应该是10个！”

田雨计算了一下，命令道：“8名士兵组成一个战斗小组，围住一个章鱼人！10个章鱼人共需80名士兵，我们这次共来了92名士兵，剩下的92－8×10=12名士兵跟我去救老国王！”

“冲啊！”人鱼国的士兵手拿盾牌，团团围住了章鱼人。

“哈哈，就凭你们也想打败我们！”章鱼人根本不把人鱼国的士兵放在眼里，他们伸出8只长长的触角，一下就吸住了人鱼国士兵手中的盾牌。

“啊，怎么回事？”只见一个个章鱼人往下沉……

原来，田雨在每一块盾牌上都涂满了强力胶水，章鱼人的触角被沉重的铁盾牌牢牢地黏住，沉入海底不能动弹。

老国王成功获救了！

第三集

“我们打败章鱼人啦！老国王获救了！”人鱼国的臣民们个个盛装打扮，像过节一样涌上街头，欢迎英雄归来。

田雨和乌巴骑在大海马背上，神气地向人鱼国的臣民们挥手致敬。

晚上，老国王和鱼海王子担心地说：“这次章鱼人吃了亏，肯定会来报仇的！”

乌巴拍着胸脯说：“你们放心，有我和田雨在，准能打败他们！”

老国王非常高兴，当即任命：田雨为人鱼国司令，乌巴为副司令！

当了副司令的乌巴第二天一早就来到兵营，开始排兵布阵。田雨来到兵营后发现乌巴把士兵们排成了一个大圆形，问道：“怎么排成这种形状呢？”

乌巴得意地说：“这叫圆形阵，可以把章鱼人包围起来，然后一举歼灭！”

田雨觉得这种排兵布阵有问题，可也想不出更好的办法。田雨接着问道：“我们一共有多少名士兵和队长？”

乌巴挠了挠头说：“我还没来得及数士兵的人数，只知道有

28 名队长。”说完，他跑进队伍里，数了起来。

田雨看到这个圆形阵是按规律排列的，每两名队长之间有 7 名士兵，于是他很快就算出了总人数。过了好一会儿，满头大汗的乌巴跑过来，刚想汇报，田雨笑道：“一共有 224 名士兵和队长，其中队长 28 名，士兵 196 名。”

“你怎么知道的？”乌巴问。

田雨指着圆形阵，说：“你看，士兵和队长的衣服颜色不同，而且每两名队长之间有 7 名士兵。我们已经知道有 28 名队长，也就是可以把这个大圆形分成 28 段，每段中有 7 名士兵和 1 名队长，28×（7＋1）=224。”

乌巴懊悔地说：“唉，我怎么没注意到，早知道也不用这么辛苦了！”

这时，一名哨兵来报：“前方发现一支章鱼人巡逻队！”

“哈哈，看我的！”乌巴连忙带领士兵布起了圆形阵，把章鱼人巡逻队包围在中间。

双方展开了激战，但是乌巴布下的圆形阵很快就被章鱼人攻破，还被虏走了几名士兵。

乌巴垂头丧气地回来了，他搞不明白，为什么自己布下的天罗地网，却被敌人轻而易举地攻破了呢？

第四集

战败后，田雨召集将领们开会研究对策。

“通过两次战斗，我发现，如果单打独斗，我们不是章鱼人的对手。乌巴的圆形阵看上去滴水不漏，可是当一个位置受到攻击时，其他位置上的士兵还没来得及赶过来，敌人就已冲出了包围圈！”

“那怎么办？”将领们的士气显得不足。

“俗话说，知己知彼才能百战百胜。所以我决定和乌巴进入章鱼人国进行军事侦察，摸清敌人的底细！”田雨说道。

“去章鱼人国，这不是羊入虎口吗？”乌巴跳起来反对道。

田雨铁了心要闯一闯，说道：“章鱼人国里布满了数学机关，只有我们懂数学，其他人去肯定会受困呀！再说章鱼人的数学是跟我们人类学的，还怕他们不成？”

乌巴只好硬着头皮答应了。

鱼海王子听说田雨和乌巴要闯章鱼人国，特意赶来送给他们两套章鱼人的衣服。

“哈哈，穿上这章鱼人的服装，保证他们认不出我们！”

乌巴穿上章鱼服，学着章鱼人的样子在水里游来游去，得意极了。

田雨和乌巴伪装成章鱼人悄悄地向章鱼人国游去。

“田雨快看，前面就是章鱼人国了！”乌巴轻声地提醒道。

他俩见没人把守，正想偷偷溜进去，突然两道刺眼的光射了过来。

一个哨兵厉声叫道：“站住！”

乌巴吓得瘫坐在地上，田雨一把抱住乌巴，回道：“报告，我们是巡逻队的，这位兄弟受伤了，我们要进去治伤！”

哨兵说道：“按大王规定，答对题者才能进来，答错就地处决！”

说完，这两道光束形成一个直角，从角的顶点处又射出两道光束，把直角平均分成了 3 份（如下图）。

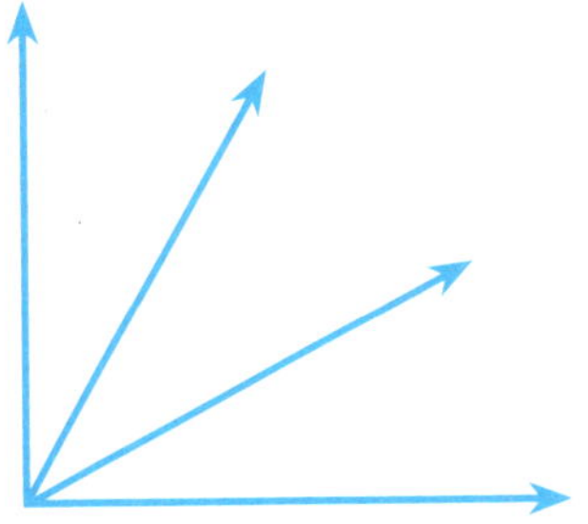

哨兵问道："这里有几个角？各是多少度？"

乌巴脱口而出："有 3 个角，每个角是 30 度……"

田雨连忙捂住乌巴的嘴，说："我的这位兄弟受伤了，在说胡话呢！应该有 6 个角，分别为 30 度、60 度和 90 度！"

哨兵见田雨回答正确，就放他们进来了。

第五集

田雨和乌巴进入章鱼人国后，发现这就像个迷宫，如果没有向导或地图，简直寸步难行。这时，迎面游来一个章鱼人，他手中正拿着一张地图。

“嗨，我们来玩游戏吧。如果你赢了，我们刚缴获的海珠归你，如果你输了，就随便给我们一样东西！”田雨拉住章鱼人。

章鱼人觉得很划算，他摸遍了全身，说：“我只有这张地图！”

田雨爽快地说：“行，我们开始吧！我这里有七只杯子，三只杯口朝上，四只杯口朝下，你每次只能翻转其中的四只，20 次后，如果杯口全朝下，就算你赢！”

章鱼人的八只脚轮翻上阵，20次翻完了，可杯口仍有朝上的。

“哈哈，你输了，地图归我们！”乌巴一把夺过地图。

有了地图，田雨和乌巴很快就找到了章鱼人的兵营，他们偷偷溜进了兵营。

“怎么全是酒瓶子，一个章鱼人也没有？”乌巴觉得很奇怪。

田雨也感到纳闷，这个正方体的兵营中，左右两面墙壁上都挂满了玻璃瓶。

“明天就要攻打人鱼国，士兵都休息了，你们怎么还不睡觉？”突然，从一个酒瓶里探出一个章鱼人的脑袋。

反应灵敏的田雨立刻回答：“国王让我们来巡视一下！”说完，他拉着乌巴跑出了兵营。

“章鱼人怎么都睡在瓶子里？”乌巴想不明白。

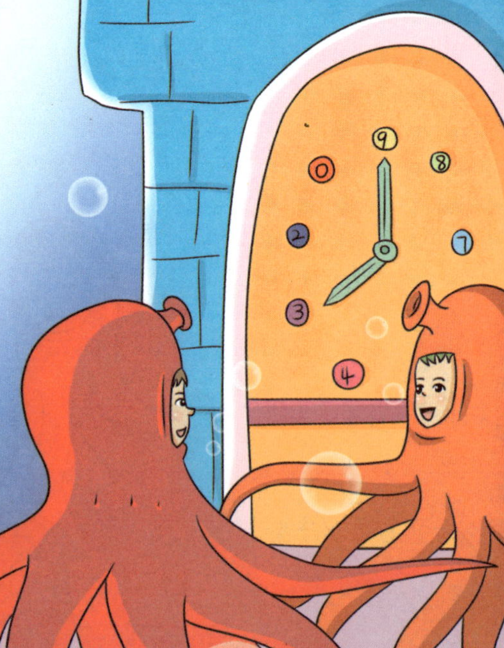

“我们可以乘这个机会，救出被捕的人鱼国士兵！”田雨说。

田雨和乌巴来到了关押俘虏的牢房，牢房的门上有两个指针，指针的四周有 0~9 的数字。

细心的田雨发现门上有一个奇特的算式：17 ◎（6 ◎ 2），这个算式代表什么意思呢？

“我在兵营里见过这个算式，a ◎ b = 3×a − 2×b。”乌巴说。

田雨自信地说：“我明白了，这个算式的结果肯定是打开牢房的密码！”说完，他先算出了（6 ◎ 2）= 3×6 − 2×2 = 14，接着又算出 17 ◎ 14 = 3×17 − 2×14 = 23。

算出结果后，田雨对乌巴说：“你把一根指针对着 2，我把另一根对着 3！”

“成功了！”他们救出所有被捕的人鱼国士兵，悄悄地溜出了章鱼人国。

第六集

田雨和乌巴一回到人鱼王国，立即和国王、王子及所有将领商议，布置对付章鱼人的计划。

田雨："根据侦察，我们发现了章鱼人的弱点，他们怕光，所以他们喜欢躲在瓶子里，只要等他们钻进瓶子里，我们就能活捉他们！"

乌巴反问道："要是他们不钻进瓶子里，你总不能硬把他们塞进去吧！"

田雨自信地说："我早想好了，明天章鱼人进攻时，我们每个士兵手中都拿着一颗海珠，章鱼人怕光，就会自动钻进瓶子里避光，到时我们就把瓶口封上，章鱼人再厉害也休想出来！"

王子鱼海问："我们要准备多少只瓶子呢？"

田雨想了一会儿，说："准备 400 个瓶子足够了！"

乌巴疑惑地说："你肯定？我可看到敌人的兵营里密密麻麻挂满了瓶子！"

田雨为了让大伙放心，解释道："我记得在敌人兵营的两面墙上，每排有 15 个大瓶子，每面墙有 13 排，一共有 $15 \times 2 \times 13=390$ 个，所以准备 400 个瓶子足够了！"

大伙听田雨这么一说，战胜章鱼人的信心倍增，分头准备去了。

第二天，近 400 个章鱼人浩浩荡荡地朝人鱼国游了过来。

当他们游进人鱼国后，乌巴大手一挥，命令：“摆阵！”

这次，乌巴副司令的圆形阵发挥出威力了，每个士兵一手拿着海珠，一手拿着瓶塞，刺眼的光芒让章鱼人四处逃散，见到瓶子就往里钻。

田雨见章鱼人全钻进了瓶子里，立刻命令：“塞上瓶口！”

身强体壮的章鱼人在狭小的瓶子里，有劲也使不上，全成了俘虏。

章鱼人国国王听说自己的军队全军被俘，大为吃惊，他亲自来到人鱼国，向人鱼国国王道歉，并保证今后再也不侵犯人鱼国的领土。

“胜利啦！”人鱼国举国欢庆，田雨和乌巴成了人鱼国的英雄。田雨和乌巴要回家了，王子鱼海还赠送了两颗海珠给他们，并亲自送他们上岸。

放假了，PP 猪准备去舅舅开的“猪 .com”电脑公司打工赚钱。舅舅虽然答应了，但他要 PP 猪先到公司参加面试。第二天一早，PP 猪已经站在“猪 .com”公司门口。“假日我能够这么早起床，真是不容易呀！”他一边想着，一边哼着新编的小曲：“没有功劳，也有苦劳；没有苦劳，也有疲劳；没有疲劳，那就烦恼……”他被自己编的歌逗得笑了起来，是呀，有舅舅在，还怕什么烦恼呢？ 可是，一小时之后，他就笑不出来了。

公司里的人事部主任 V V 羊脸上永远挂着一丝微笑，他眨了眨小眼睛，说：“你舅舅，哦，不，猪 CEO 早就把题目准备好了。”他把一道题摆在了 PP 猪的面前。

甲、乙两人同时从相距 100 千米的两地出发，相向而行。甲每小时走 6 千米，乙每小时走 4 千米。甲带了一只狗和他同时出发，狗

以每小时10千米的速度向乙跑去，遇到乙又回头向甲跑去，遇到甲后，再次回头向乙跑去，直到甲、乙两人相遇为止。那么这只狗共跑了多少千米？

啊？PP猪呆住了。他嘴巴里念叨着：“跑过来，跑过去，跑过来，跑过去……”不知不觉地，他也在房间里来回地走起来。左左右右地来回了几趟后，他苦笑起来：“羊叔叔，我真是‘左右为难’呀。”

VV羊不动声色地说：“左右为难，你不要管‘左右’，不就不‘为难’了？”

“咦，这句话好像别有深意哦。”PP猪停下了脚步，“对了，马老师说过，路程＝速度×时间，我只要知道小狗的速度和时间就行了，又何必管它是向左跑还是向右跑呢？”他又仔细看了看题目，念叨着：“速度，有了，小狗的速度是每小时10千米。那时间呢？嗯，时间就是相遇时间，相遇时间＝路程的和÷速度的和。难怪马老师说‘在相遇问题中，相遇的时间往往是解题的关键’呢，还真是这样。”

他兴奋地拿过笔，在纸张上写起来，还边写边解释：“要计算狗来回跑了多少路程是很麻烦的事，但是我们可以直接计算。从甲、乙两人出发时算起，直到两人相遇为止，狗一直在奔跑，从没有停下来。那么它奔跑的时间，就是甲、乙两人从开始行走到相遇的时间，共要 $100 \div (6+4)=10$（小时）。而狗的速度已经知道了，所以狗跑的总路程就是 $10 \times 10=100$（千米）。”

V V 羊满意地点点头，说：“难怪你舅舅说你是一个聪明的孩子，只是没养成勤于思考的好习惯。你如果仔细观察这道题，就会发现，狗跑的路程和甲、乙两人原来相距的距离是一样的，都是100千米呢。”

PP 猪一看：“啊！果然是呢……我知道了，因为小狗的速度正好等于甲、乙两人速度的和，小狗跑的时间又等于甲、乙两人相遇的时间，所以小狗跑的路程正好等于甲、乙两人所走路程的和。羊叔叔，我说的对不对？”

V V 羊笑起来，说：“果然是一个聪明的孩子，面试的第一关就算你通过了。下面让我带你来参观一下我们的公司吧。”

PP 猪也高兴地笑起来，说：“好的。”

不过他不知道，走出这个面试室，他就将面对 V V 羊精心设置的又一道难题，PP 猪能再次通过吗？让我们拭目以待。

第二集

V V 羊带着 PP 猪参观公司，他们俩走出面试室，迎面是一个长长的走廊，拐了一个弯，就是通往二楼的楼梯口。PP 猪抬头向上张望，只见二楼上黑漆漆的，他问："为什么楼上这么暗呀？"

V V 羊朝旁边的墙壁努努嘴，说："灯的开关就在这儿哦。"

PP 猪定睛一看，在楼梯左手边的墙上，果然有三个开关，上面还分别标了"1""2""3"。

V V 羊微微一笑，指着三个开关说："这里的三个开关，分别控制着上一层楼的走道上的三盏壁灯，分别是红灯、绿灯、蓝灯。现在，你能只上楼一趟，就告诉我每一盏灯分别是由哪个开关控制的吗？"

PP 猪恍然大悟，叫了起来："原来这又是一道面试题呀！"

V V 羊点点头，说："呵呵，算你说对了！"

PP 猪心里琢磨着："我随便开一个开关，上去一看，就知道这个开关对应的是哪盏灯了。可是另外还有两个开关呢，怎么知道它们分别控制哪盏灯呢？"他不由得说出声来："如果能让我上去两趟就好了。"

V V 羊一笑，说："当然只能一趟，如果两趟，就不是难题了。"

PP 猪犹豫着按下了 1 号开关，心里想："现在如果我上去，就能知道 1 号开关控制的是哪盏灯，可是另外两盏灯怎么办呢？"想了半天，他也没有主意，只好关了 1 号开关，按下了 2 号开关。突然他听到旁边的 V V 羊"嗯"了一声，他转过身，见 V V 羊脸上露出了笑容。

PP 猪一咬牙，心想：“干脆上去看看吧，实在不行，我就从另一个楼梯溜之大吉，免得在舅舅面前丢脸……”

打定了主意，PP 猪马上跑上了楼，他没有注意到，V V 羊在他的身后不住地点头呢。

上去一看，蓝灯是亮着的。看来 2 号开关是控制蓝灯的，可是 1、3 号开关又分别控制哪盏灯呢？ PP 猪叹了口气，想：“刚才我还开了 1 号开关，它控制的到底是绿灯还是红灯呢？”他随手轻轻地摸了摸这两盏灯，一碰到红灯，他“哎”了一声，手猛地收了回来。怎么搞的，这盏灯是热的！难道这里的灯还能当取暖器用吗？不可能吧！突然 PP 猪一拍大腿，大叫起来：“我知道了！”

他三步并作两步地下了楼，对 V V 羊说：“我有答案了，1 号开关控制的是红灯，2 号开关控制的是蓝灯，3 号开关控制的是绿灯！其实，解决问题的关键就在于灯泡点亮之后，是会发热的！我刚才开了一会儿 1 号开关，那么发热的红灯就是 1 号开关控制的。而现在点亮的蓝灯是我开的 2 号开关控制的，那么剩下的就是 3 号开关控制的就是绿灯了。”

V V 羊笑眯眯地说：“对！刚才我看你开了 1 号开关，过一会儿关上，接着开了 2 号开关，就知道你一定想到了！”

PP 猪心里暗自侥幸，看来无论怎样的难题，都会有解决的方法，哪怕是“山重水复疑无路”，只要我不放弃，也许就会“柳暗花明又一村”。

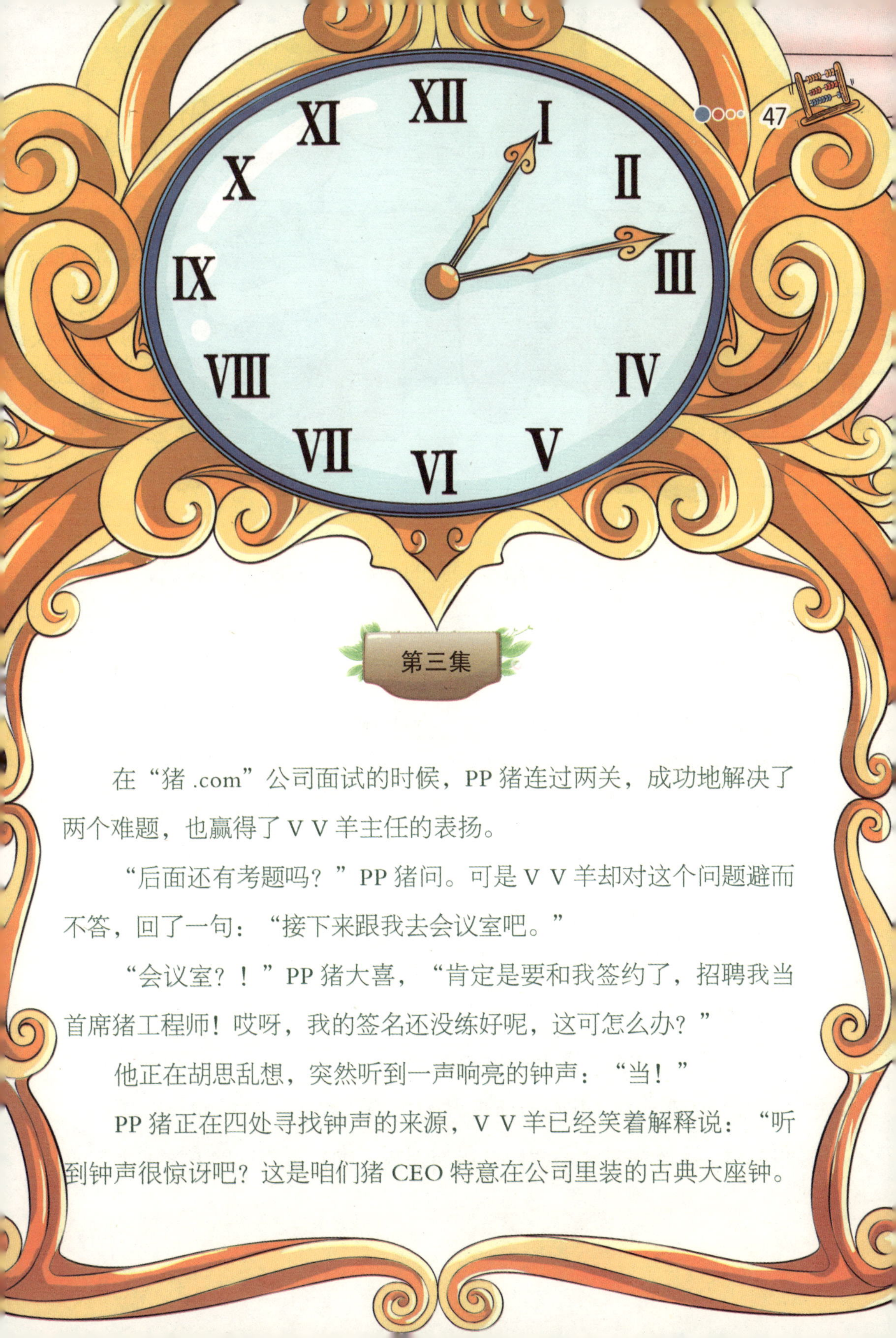

第三集

在“猪 .com”公司面试的时候，PP 猪连过两关，成功地解决了两个难题，也赢得了 V V 羊主任的表扬。

“后面还有考题吗？”PP 猪问。可是 V V 羊却对这个问题避而不答，回了一句：“接下来跟我去会议室吧。”

“会议室？！”PP 猪大喜，“肯定是要和我签约了，招聘我当首席猪工程师！哎呀，我的签名还没练好呢，这可怎么办？”

他正在胡思乱想，突然听到一声响亮的钟声：“当！”

PP 猪正在四处寻找钟声的来源，V V 羊已经笑着解释说：“听到钟声很惊讶吧？这是咱们猪 CEO 特意在公司里装的古典大座钟。

每当整点的时候，它就会敲响相应的次数，比如 5 点的时候，它就会敲 5 下。”

“不对，刚进公司时，我好像也听到一声这样的钟声。”PP 猪说。

“年轻人的记忆力就是好。”V V 羊说，“那是因为每逢半点的时候，这架座钟也会敲响一下。”

“哦，明白了……5 点？那不正好是公司下班的时间吗？”PP 猪早就听舅舅说过“朝九晚五”的上、下班时间安排。

“对啊，所以同事们都很喜欢 5 点的钟声。哈哈，上周 BB 熊还创造了一个新纪录呢。钟声还没响完，他就已经从 55 楼的办公室到了 1 楼的出口了。”

“啊？这么快？”PP 猪深感吃惊。

“是啊，在同事们为他举办的庆祝仪式上，他委屈地哭了！大叫一声——昨天是哪个家伙从后面踹我一脚，害我从楼上滚下来了？

给我站出来！”

“哈哈哈！”PP 猪被 VV 羊的笑话逗得前俯后仰，同时也体会到了“猪 .com”公司的轻松气氛。

“好了，”V V 羊看了看自己的手表，突然想起什么似的，问 PP 猪，“你没带手表、手机之类可以看时间的工具吧？”

“原来有带手机，可是进门时被要求留在前台了。”PP 猪说。

“那就对了。PP 猪，请注意第三道面试题。”V V 羊一改笑嘻嘻的表情，严肃地说，“这个问题很简单，根据我介绍的敲钟规律和你听到的钟声，你能说出目前准确的时间吗？你可以稍后回答，但时间要非常准确。”

“啊？”PP 猪愣住了，他本来想随口回答“1 点左右”，可是看到 V V 羊认真的样子，就不敢随便开口了。

“不急，你多想一会儿。”

“嘘！”突然 V V 羊提醒 PP 猪注意听，“当”，又传来一声单独的钟响。

PP 猪跳了起来：“我知道了！现在是 1 点半，因为只有半点、1 点、1 点半，才会连续三次都只有一声钟响。”

“哈哈，所以这个答案只有再等一等，再想一想，你才能真正确定！”

PP 猪连过三关，获得了大家的认可，成功地通过了面试。现在他已经是“猪 .com”公司的正式员工了。

正当 PP 猪想象着自己身穿西装，脚蹬皮鞋的高级白领模样时，VV 羊主任却通知他，在公司开的“深海捞”酒楼当个接线服务员。

PP 猪只好硬着头皮上岗了。他刚坐好，电话就“丁零零”响了！PP 猪拿起电话，一口气把事先准备好的台词全背了出来：“您好，订餐请按 1，外卖请按 2，这里是明星服务员 PP 猪正在为您服务。”

可是，他一听电话那边的自我介绍，连忙站得笔直。原来电话是角马老师打来的，角马老师是他读六年级时的班主任呢。

角马老师在电话里还是像往常一样热情：“PP 猪啊，果然是你。今天我带着班上的学生到樱桃公园郊游，学弟学妹们都说喜欢到你那儿吃午饭，有座位吗？”

“有啊有啊。”PP 猪热情地说，“不知道有几位同学喜欢吃辣的，有几位喜欢吃甜的？”

“哦，你们的工作还真够细心的。”角马老师停顿了一会儿，说，“有 5 位喜欢吃辣的，7 位喜欢吃甜的……”

“好的，我马上交代厨师精心准备 12 份饭菜。”PP 猪连忙放下电话，向厨房跑去。

哪知道牛大厨一听就说：“不行，数量不清，没法准备！”

“5 + 7 不是等于 12 吗？”PP 猪不明白。

牛大厨耐心地对他说：“你还不知道有没有人既不喜欢吃辣的，也不喜欢吃甜的呢。再说，你就连角马老师有没包括在这 12 位里面都不知道呢。”

“哦，我马上去问。”PP 猪赶紧按刚才的号码回拨过去。

“我是喜欢吃甜的 7 位中的 1 位。而每位同学都至少喜欢甜或辣中的一种……”角马老师还想说些什么，无奈 PP 猪却又跑开了。

“他们肯定已经在过来的路上了，我们就按 12 位准备吧，最多也就是浪费 5 份饭菜。”这回，虽然牛大厨还是摇头，但却没再让 PP 猪去问了。

“为什么会最多浪费 5 份饭菜呢？”PP 猪又不明白了。

这个谜团要在同学们到来时才能解开了。

原来，小金丝猴和小土拨鼠都既喜欢吃辣的，又喜欢吃甜的，于是他们就举了两次手，在计算时就被重复计算了，实际人数只有 $5+7-2=10$（位）。

“浪费最多的情况就是人数最少的时候，”牛大厨指着喜欢吃辣的 5 位同学说，“如果他们也都喜欢吃甜的，那么就重复了 5 位，实际人数就只有 7 位了。”

“人数最多的时候就是都不重复，$5+7=12$，对吧？”PP 猪明白了。

可现在座位空出了 2 个，怎么办呢？

牛大厨说：“哎呀，算是便宜你了，你的肚子不是早就‘咕咕’叫了吗？”

“明白啦！”这一次，PP 猪照样跑得很快。

第五集

PP 猪虽然离家已经一个多月了，但是每天都在“深海捞”酒楼吃美味佳肴，还能听到许多客人讲有趣的故事，所以他仍感觉很快乐。

但 PP 猪也有烦恼的事。尽管他是猪董事长的外甥，但他早就和舅舅说过，要与其他同事一视同仁。于是每月一次的员工考核，成了他最烦恼的事。这天员工考核结束后，PP 猪就很伤心，对爱吃的比萨饼都没有胃口了。因为牛大厨布置的“比比谁算得快”，他得了最后一名！

狐狸姐姐知道 PP 猪的成绩后安慰他：“没关系啦，你算得慢是应该的，没听说过‘小猪会算术，鱼儿能上树’吗？”听后 PP 猪更伤心了，甚至连送邮包来的喜鹊大叔叫他半天也没有听到。等他抬起

头来看时，只见地上放着一个绿带粉红纸包装的礼品盒。

PP 猪拿起盒子打开一看，里面有一副漂亮的黑边眼镜。

“妈妈送来的眼镜！”PP 猪叫起来，“太棒了，看那些头脑灵活的同事，好多都戴着眼镜呢。哈哈，我要和猫头鹰大哥一样有学问啦！”

PP 猪向牛大厨要求再举行一次测试，还是最简单的一位数加一位数。牛大厨早就准备好了题目——“9 + 3”“7 + 5”“8 + 7”……得多少？

咦？为什么“9 + 3”会变成“12”，“8 + 7”变成“15”呢？所有的算式看起来都变成了它们的得数！

PP 猪高高地举起了手，在大家惊讶的目光中，他一口气说出了 20 道口算题的答案。

“这是不是一副作弊眼镜呢？”测试结束了，PP 猪心里忐忑不安，他打电话给舅舅。

猪董事长告诉了他一段故事：“从前你妈妈学口算反应也很慢，后来她听老师说，一位数加减一位数是最重要的，要做到脱口而出。于是她想了一个好方法……把所有一位数加减算式全写下来，直接把算式看成‘字’，读这个字就是读它们的得数了，例如把‘9 + 3’读作‘12’。熟练了就算得飞快！”

狐狸姐姐知道 PP 猪的考核成绩后，红着脸问：“PP 猪，把你神奇的眼镜借我看看好吗？”PP 猪慷慨地递过妈妈的黑边眼镜，说：“有没有眼镜并不重要，关键是要学会方法！”

妈妈的眼镜给 PP 猪带来了好方法，好方法让 PP 猪摆脱了考核的烦恼，于是他又快乐起来啦。

“PP 猪，你过来一下。”PP 猪刚迈进酒楼，就听到牛大厨招呼他。

“对不起，对不起，我又迟到了。”PP 猪马上弯腰道歉，眼角的余光一瞥时钟，又站直了起来，“不对啊，我没迟到啊。”

“谁说你迟到了？是猪董事长打电话来，说让你去公司总部。”牛大厨细心地对 PP 猪吩咐道。

PP 猪听到是舅舅传唤，连忙往公司总部跑去。

“PP 猪，你过来一下。”奇怪了，怎么到哪都有人叫我呢？ PP 猪心想。

回头一看，原来是一个多月前面试他的人事主任 V V 羊。

“祝贺你呀，猪小弟！公司董事会决定，为了了解校园消费特点以便推出更多新产品，所以将在本市的学生街开一家‘文玩精品店’，由你来当副店长。”V V 羊笑容满面地说。

“哎呀，那我不是升职了吗？对了，那店长是谁？”PP 猪好奇地问道。

“说来你也认识，就是酒楼的厨师长CC牛。”V V羊认真地介绍说，“他可是董事长亲自任命的，说是宁可酒楼再找厨师长，也要派他去办好小店。”

“这……”PP猪一想到CC牛那大个子，心里有些发怵，不过一想，毕竟自己还有许多手下嘛，于是又问：“那店里一共有多少人呢？”

“两人。猪董事长说CC牛身上值得你学习的东西多着呢。你要好好向他学习。”V V羊干脆说道。

“他就是个厨师，开商店有什么好跟他学的啊？”PP猪发现自己这个副店长原来是垫底的，感觉很郁闷。

第二天，学生街。

PP猪没想到，原以为要准备半个月才能开张的新店，居然已经初具规模了。明亮的玻璃门、白色的外墙、蓝色的屋顶，像是蓝天白云落到了地上。

CC牛已经手拿着一张纸条，在门口等着他了，一看到他就说：“猪小弟，刚才我已经把店里的东西整理得差不多了，不过还有五件展示品还没买，你辛苦一下，到创意城里搜罗一下吧。”

PP猪接过CC牛挥着的纸条一看，原来是一个购物清单：

淘气笔记本	12元
懒惰转笔刀	21元
变幻笔盒	38元
灵动笔黑色版	15元
灵动笔白色版	14元
合计	元

CC 牛充满期待地望着 PP 猪："你觉得这些东西怎样？"

PP 猪琢磨了一下，说："我有两个想法。第一，这些东西的名字听起来都很特别。第二，价钱合起来正好是 100 元。"

CC 牛高兴地一拍手，说："好极了，算得很快，看来你舅舅的眼光不错，孺子可教。来，把钱带上。"

说着，CC 牛打开收银台的柜子，从里面递给 PP 猪两张 50 元的钱。

PP 猪眼尖，一下子看到柜子里面，叫起来说："那正好有一张 100 元的！带一张不是更方便吗？"

CC 牛却笑着说："没错的，你去试一下就知道了，找钱的时间会省了不少。不过，要先买 12 元和 21 元的东西哦……"

走在路上，PP 猪一直琢磨 CC 牛的话是什么意思，但直到他真的开始买东西了，才不由得惊叹："牛大叔还真是用钱有招呀。"

小数传说

文/卢声怡

第一集

在古老的“数与代数”大陆上，有一条江，名叫“数江”。江心有一座圆圆的小岛，小岛上住着一位老人家。

老人家每天勤勤恳恳地工作，他的任务是拿着长长的竹竿，把从上游流下来的木头分类，然后送到下游各支流的木材加工厂。当然，这个工作并不轻松，因为有的时候流下来的木头很多，他需要以极快的速度把这些木头进行分类。比如，来了358根木头，他就要挥舞着手里的撑竿，把其中的300根打包成3个“百”，送到左边第三位的“百位”河；把其中的50根打包成5个“十”，送到左边第二位的“十位”

考考你：

如果来了 47829 根木头，老人家要怎样分呢？

河；剩下的 8 根木头，就进入了“个位”河。慢慢地，岛的左边形成了一片广阔的江面，叫作“整数部分”江，从右往左，又依次分成了“个位”“十位”“百位”“千位”“万位”“十万位”等各条支流。凭借着老人家的辛勤工作，下游的木材加工厂能够顺利地根据木料的多少来制作和加工产品。

光明天神被老人家的善良和勤劳打动了，决心要帮助他。

于是，他施展魔法，让老人家拥有了神奇的数学力量。老人家不知道自己身上出现了神奇的变化，只觉得头脑更好使了，双臂也充满了力量，他暗暗庆幸自己还不算太老，不用离开他心爱的小岛。

这一天，他又开始工作了。他迎着江面，微眯着双眼，仔细打量着从上游流下来的木头。可是，今天他却发现情况有点儿不同寻常。因为远远地望去，流下来的木头似乎特别少！老人家仔细点了点，只有 3 根完整的木头，和一些零碎的木料。

这些碎木料要送往哪里？它们又能做些什么呢？

第二集

这可难不倒老人家，多年的工作经验让他养成了临阵不乱的习惯。他心里盘算了一下，既然这些木料连“个位”河也进不了，那么只好让它们先待在岛的右边了。他大喝一声，江水发出刺耳的“嘎吱嘎吱”声，不甘心地停止了流动。老人家连忙去找天神盘古，借来了他当时开天辟地用的神斧，在岛的右边又开了许多支流出来。从左往右数，分别是“十分位”河、“百分位”河、“千分位”河……老人家仔细测量了下碎木料，发现碎木料有 9 片，每片小木料都是整根木头的十分之一，于是他就让这些碎木料流进了“十分位”河。在每条河的下游，他已经各安排了一个造纸厂，用这些小木料造纸。当然，越往右边的造纸厂，因为送来的木料更细小，所以造出的纸张更好。

考考你：请你在纸上画出老人家的小岛和他开辟的河流，并且把 325.78 根木料安排在正确的位置上吧。

晚上，老人家回到小屋，在木材登记簿上记下今天的木材总数。他把 3 根整木写在左边，把 9 片碎木料写在右边，又在两者之间写了一个小圆点“.”——这表示他心爱的小岛。世界上第一次产生了这种特别的数，老人家把它命名为“小数”，中间表示岛的圆点称为“小数点”，小数点左边的部分叫作“整数部分”，右边的部分则叫作“小数部分”。

老人家创造的记数方法很快地传遍了整个数与代数大陆，人们

都喜欢上了这种可以记录比 1 还小的数字的方法，并且尊称老人家为“小数老人”。

一传十，十传百，光明天神也知道了小数老人的发明。他发现，小数一族的出现，解决了许多生活上的难题。从前，数与代数大陆上的人们用米尺测量物体的长度时，因为都是用整数，所以遇到比 1 米短的长度时，就不知道该怎么表示了。现在有了小数，人们就把相当于 1 米的十分之一的长度记作“0.1 米”，相当于 1 米的百分之一的长度记作“0.01 米”，而且“0.1 米”正好是 1 分米，“0.01 米”正好是 1 厘米。这样，小数就把两种不同的长度单位联系起来了，让人们能够方便地换算和计量。人们都为此欢欣鼓舞，数与代数大陆上的文明又向前迈出了一大步。

考考你：你知道 2.35 米相当于多少米多少分米多少厘米吗?

于是，光明天神赋予了这些小数精灵的身份，好让它们更好地发挥作用。数与代数大陆上的小数精灵越来越多，它们出现在大街小巷、山川河流以及生活的方方面面。因此，光明天神专门设立了一个小数王国，而小数老人则成了小数王国的国王。

第三集

当小数老人在家里的记录本上写下第一个小数的时候，黑暗天神正在幽寂峡谷鼾睡。他醒来后，发现人间居然有了这么大的变化，光明又向他的领地踏进了一大步。他变得非常愤怒，怒吼声在幽寂峡谷中回荡了很久。黑暗天神决心要把这个小数国扼杀在创建初期。于是，他派出了混乱巫师潜入数与代数大陆，实行破坏行动。

混乱巫师的魔法很快就生效了，小数国陷入混乱之中，人们为如何称呼小数精灵而争吵起来。例如“5.27”，有人管它叫“五点二七”，还有的人管它叫“五点二十七”，更糟糕的是，居然有人叫它“五百点二十七”！可怜的小数精灵 5.27 不知道听谁的好，干脆装聋作哑，不管哪个叫也不答应，气得叫它帮忙的人们火冒三丈。于是，在小数国的街道上，到处都是呼喊小数的声音。

这种情况不能再继续下去了。小数老人发现同在一个大陆上的整数国已经成立数千年之久，整数精灵一叫就到，都没有

出现读法上的问题。于是，小数老人向整数国发出请求，想学习他们的经验。但整数国把“整数读法”视作国家的重大机密，不肯外传。怎么办呢？小数国的长老们讨论之后，决定派出一个小数精灵到整数国偷师学艺。派谁去呢？大家一致推选小数精灵 1.0，因为小数精灵 1.0 个子娇小，不会引人注意，而且它的大小相当于整数 1，学习巫师可以很容易地施展“等值变形”魔法，把它变成整数的样子。

小数精灵 1.0 到了整数国，他认真听、勤恳问、多观察、常记录、精练习，历尽艰险，终于在整数国学会了神秘的《整数读写法》。

考考你：如果派出 3.50，它能够冒充整数吗？

听说 1.0 精灵回来了，小数国的长老们放下手头的工作，纷纷赶到王宫。他们到王宫时，小数老人已经让人带着 1.0 精灵去小数岛的空中花园休息了。虽然没见到偷师成功的小英雄，但是大家都难捺心里的兴奋，一致要求马上研究《整数读写法》。于是，小数老人亲自念了起来。法规很简明，包括第一章读法和第二章写法。读法的第一条是“从高位读起，一级一级地往下读”，长老们频频点头，认为这符合人们从左往右阅读的习惯，是可行的。

第二条是“读个级的数时，先读出数位上的数字，再读出这个数位的计数单位；读亿级或万级的数，先按照个级数的读法读，再在后面加上一个‘亿’字或‘万’字”。听到这里，长老们面面相觑。

纯小数长老先开口了：“整数部分按这样读还行，小数部分如果也按这样，那么 1.23 岂不是要读成‘一点二十分三百分’了？因为 2 在十分位上，3 在百分位上嘛。”

带小数长老说：“那还不如读成‘一点二十三’，听起来更顺耳。”

纯小数长老反驳说：“那怎么行！这个 23 根本不是‘二十三’嘛，连数位都不对。”

两个人的话音越来越高，怒气从他们头顶上直升起来，在空中聚集，转眼间，大地变得暗淡无光。此时，一道白光从天上射下，学习巫师带着光明天神的命令来调解这场争端了。他带来了光明天神的命令：既然小数国的精灵长老们的意见始终无法统一，干脆就“是什么就读什么”好了。

口谕一出，转眼间云消雾散，天地重见光明。

按照光明天神定的第二条读法，大家认为整数读法的第三条“数的中间有一个零或连续有几个零，都只读一个零，每级末尾的零都不读”对小数来说，是没必要的，因为“小数部分每个数位上是什么就读什么嘛，当然遇到几个零，就读几个零了”。

考考你：按照以上原则，2003.2003 怎么读？

讨论结束，小数长老们把读法一条条地列出来，不由得相视而笑，原来小数的读法比整数读法简单多了，而且写法更是简单，读啥写啥。

考考你：你能在小数国公布《读写法》之前，先总结出小数的读法吗？

于是，小数国的第一部法令公布了，那就是后来被精灵们称为最重要法规的《小数读写法》。当人们看着寥寥数条的条文时，谁能想到它的诞生，经过了这么多的波折呢？

第五集

混乱巫师在小数国制造的混乱状态没持续多久，就被小数国的长老、精灵们齐心协力地解决了。黑暗天神听了混乱巫师的报告后，深感失望。这时，武艺高强的争斗巫师自告奋勇，准备前往小数国。

争斗巫师化身为一个苦行僧来到小数国，他嘴里念诵着古怪的经文，在城市中央的广场上停下来，从随身的行囊中取出一个金苹果，大声宣布："谁是这个国家最强大的人，我愿将这颗金苹果送给他！"

就这样，一场将载入小数国史册的争斗开始了！

不到一天，小数国的各个角落都可以见到小数们在打斗。他们有的用头顶，有的用脚踹，不分出个胜负，绝不肯罢休。如果打斗双方的实力悬殊，比如 99.9 和 0.1，那么打斗不一会儿就结束了。但如

果打斗双方的实力相当，打斗就会持续很久。最后，有不少小数打到了王宫里，找小数老人和小数长老们评判。

为了平息纷乱，小数老人顾不上年老体弱，手持权杖，一对一对地评定小数的大小。

第一对来的是 8.3 和 9.3，小数老人一看，就宣布："9.3 的整数部分是 9，比 8.3 的整数部分 8 大，所以 9.3 大！"

再接下来的是 3.45 和 3.29、小数老人指出："你们的整数部分一样大，那么就比小数部分，3.45 大！"

3.29 争辩说："但是我百分位上的 9 比他百分位上的 5 大呀。"

旁边的一个长老解释说："你在十分位的较量上已经输了，所以就不用再比百分位了。"

正说着，5.69 和 5.67 打打闹闹地进来了，小数老人马上指出："整数部分一样大，十分位上的数也一样大。再比百分位，哦，5.69 大。”

明确了比较方法，处理起来就快了，转眼之间，挤在王宫门口等待评判的小数已经少了一半。这时，来了一对小数，原来是 22.35 和 22.351。长老们有点发愁，说：“你们的整数部分一样大，小数部分中十分位上的数也一样大，都是 3，百分位上的数还是一样大，都是 5。但一个有千分位，另一个却没有，要怎么比呢？”

小数老人捶了捶后背，说：“你们怎么糊涂了？ 22.35 的千分位上没有数字，自然就比千分位上还有数字的 22.351 小了。”一句话让大家恍然大悟。

长老们见小数老人身体欠佳，纷纷劝他早点回去休息。其中一位小数长老出了个好主意，说：“不如我们也把小数国里比较大小的规则总结成文字，张榜公布，好让大伙儿都明白。这样，小数们就不用再争斗了，彼此也不至于伤了和气。”

小数老人一听，夸奖说：“真是个好办法！”

考考你：你能从小数老人判定小数大小的话中，总结出比较小数大小的规则吗？

数与代数大陆上的办事效率是最高的，不一会儿，新规则就传遍了整个小数国，小数之间的争斗被迅速地平息了。

第六集

黑暗天神没想到，武艺最高强的争斗巫师居然也被击败了。黑暗天神非常生气，他决定派最阴险的虚荣巫师去破坏小数国。

虚荣巫师带着可怕的虚荣心病毒，来到了小数国。没多久，小数国里就开始流行一种奇怪的装扮，每个小数的末尾都添上许许多多的零，大家觉得带着越多的零就越威风。

如果哪个小数在末尾添了 5 个零，很快就有小数在末尾添上 10 个零，11 个零……于是，末尾拖着几十个零的小数在小数国里随处可见，一时间，小数国居民个个都变了样儿。小数老人心急如焚，决定根除这种不良之风。

很快，小数老人找来一位医生，他就是在数与代数大陆上行医

救人的“数值神医”。

数值神医仔细打量着卫士们从街上找来的两个小数，第一个是3.600000，他一看就笑了起来，说：“你其实就等于3.6嘛，末尾的那些零，都是可以去掉的。”

3.600000一听要去掉他心爱的零，扭头就朝王宫外面跑，被卫士们一把抓住。数值神医挥舞“化简神斧”，大喝一声，把3.600000末尾的那些零都砍去了，只剩下“3.6”。卫们松开手，3.6动动胳膊，眨眨眼，说：“咦，这种轻松的感觉好久没有过了，还是这样简单一些好。”

另一个小数20.030000000见了，连忙说：“数值神医，你也帮我把这些累赘的零全砍了吧。其实我早就不想拖着这么多零了，可是看到大家都有，我要是没有的话，多没面子呀。”

数值神医批评道：“拖着这么多零，你肯定天天走路都很辛苦，

真是死要面子活受罪呀！"

20.030000000 不好意思地说："你干脆帮我去掉所有的零，让我变成 2.3 吧！"

数值神医板着脸说："你被这些零施着，都忘了自己从前是什么了。你是 20.03 呀！你要知道，只能去掉小数末尾的零，其他的零，哪怕是在小数点后面的，都不能去掉！"

数值神医手起斧落，20.03 快乐地出现在大家面前，他高兴地说"对对对，要是把所有的零都去掉，我的大小就改变了。"

于是，小数们或是自己动手，或是互相帮忙，没多久，小数们末尾的零全去掉了，但他们的数值并没有改变，所以生活又恢复了原来的秩序。

而且，小数国通过这次"长尾流行事件"，又制定了一个规则：小数的末尾添上或去掉零，小数的大小不变。

第七集

一再的失败，让黑暗天神决定使用最后的杀招——利用黑暗神界的力量制造一场地震，消灭小数国。

眨眼之间，数与代数大陆地动山摇，小数国的许多房屋都倒塌了。小数老人从梦中惊醒，登上高处查看情况。长老们也纷纷赶到王宫。

小数老人把在场的长老们分成了几个小组，有搜救组、消息通报组和医疗救治组。王宫也被改造成了一个临时医院，小数老人亲自担任医疗救治组的指挥。

最先抬进来的病号是“.0123”，小数老人仔细看了半天，才发现在0的前面有个小数点，他想了想，说：“小数点的前面，肯定要有个数字，如果小数点在1，2，3的后面，那么就不需要这个0了，看来这个小数应该是0.123。”大家立即动手，把小数点往后移了一位，

医治好了 0.123。

紧接着，又抬进来三个病号，大家一看吓了一跳，原来这三个伤员长得一模一样，都是 7.589。医治小组不知如何处理。小数老人也觉得棘手，但还是先按祖传的医术“望闻问切”进行诊断。先观察面色，这三个小数不但小数点的位置相同，数字的排列也相同，看来主要问题是小数点移了位置。再闻其声息，有的呻吟声比较重，有的还算平和，看来他们受伤的程度不一样，也就是小数点被移动的位数有多有少。接下来，小数老人细心地询问了他们的情况，原来他们是三兄弟，大哥正好是二哥的 10 倍，而二哥又是小弟的 10 倍。

小数老人心里有把握了。他告诉医治小组，先把伤得最重的那位的小数点向右移动 2 位，扩大 100 倍，变成 758.9，再把伤得较重的那位的小数点向右移动 1 位，扩大 10 倍，变成 75.89。果然，两个

小数马上就不再呻吟了。倒是剩下的那个 7.589 比较难办，究竟他原来是多少呢?

小数老人低下头，在 7.589 的耳边说："你肯定就是三兄弟中的小弟了，其实你并没有受伤，只是害怕了，是吗？"

7.589 睁着他那双大眼睛看着小数老人。

小数老人和蔼地说："别害怕，孩子，你现在安全了。刚才我替你检查过了，你没有受伤，小数点也在原来的位置上，其实你就是 7.589，是吗？"

7.589 不好意思地点了点头，他拉着小数老人的手，说："国王，我不再害怕了，我也想和大家一起救治受伤的小数。"

大伙儿欢呼起来，大家又看到了新的希望。

蚂蚁王国保卫战

文 / 陈东栋

第一集

在沙漠绿洲里有一个蚂蚁王国，蚂蚁辛勤工作换来了幸福的生活，可一群不速之客打破蚂蚁王国平静的生活，为了守护自己的劳动成果，蚂蚁与强盗们斗智斗勇……

秋天是收获的季节，也是蚂蚁最忙碌的日子，工蚁们进进出出，寻找着王国周围一切能吃的食物。

“杰克，我们该出发了，蚁后今天下达的稻谷收集数量又提高了。”亨利在杰克的房门前催促道。

“我马上到！”杰克平时最爱捣鼓各种小发明，这一次他的发明对蚂蚁王国来说可是意义重大，他取名为‘稻谷弹射器’。杰克把最后一根牛皮筋安装好后，拿着弹射器跟上了采集队伍。

“这一次采集的任务是多少？”杰克问道。

“唉，两个小队一共要采 160 粒稻谷，采集任务完不成，饭也不能吃。”亨利长叹一声。

杰克作为第一小队的队长，见大伙都忧心忡忡，于是大声宣布道："大家听好了，这一次两小队共采集 160 粒稻谷，我决定这样分配，我们第一小队比第二小队多采集 50 粒！"

"杰克，你疯啦！多采集 50 粒，我们第一小队如何完成任务？"亨利惊叫起来。

第二小队的队员兴奋地把杰克抱起来抛向天空，"杰克，你太棒了！"第二小队的队长安德利说道，"快算算，如果这样分配，我们第二小队要采集多少粒？"

"这个……这个有点难算？"第二小队的计数员挠挠头，不知如何解决。

杰克笑道："我来算给大家看！"说完他用树枝在地上画了一长一短两条线段：

"两队一共要采集 160 粒，只要把第一小队多采的 50 粒扣除，两个小队采集的就一样多，所以用

160 — 50=110 粒，110 ÷ 2=55 粒，最后用 160 — 55=105 粒，所以第二小队采集 55 粒，第一小队采集 105 粒。”

“天哪！ 105 粒稻谷，就是采集到明天也完成不了啊。”亨利一屁股坐在地上。而第二小队的队员则兴奋地奔向稻谷田。

杰克走到一棵稻秆下，用他的弹射器瞄准稻穗上最大的一粒，“啪”的一声，稻粒被击落了。“啪啪啪……”一粒粒稻谷掉了下来，第一小队的队员惊呆了，随后便疯狂地收集、装车……忙得不亦乐乎，很快，采集 105 粒稻谷的任务就完成了。

“太棒了！有了这个工具，我们一天能采集 1000 粒稻谷！”亨利欢呼起来。

“嘿哟嘿哟小蚂蚁，团结起来真无敌，一二三四五六七，排队整齐守秩序，收集食物在家里，夏天过去冬天近，再也不怕饿肚皮，嘿哟嘿哟小蚂蚁……”第一小队的队员唱着歌，排着整齐的队伍向蚂蚁王国走去。

考考你：160 粒稻谷，堆放在两间屋里，第一间比第二间少 20 粒，两间屋里各堆放多少粒？

第二集

蚂蚁王国有一位顽皮的公主叫艾丽，她一出生就有一双漂亮的翅膀。“嗨，能和我一起玩捉迷藏吗？”艾丽对几只工蚁说。

“对不起公主，今天的采集任务还没完成，你找别人吧。”

杰克天不怕地不怕，就怕艾丽公主缠着他，他看到艾丽公主时，刚想掉头溜走，“站住，杰克，你今天必须陪我玩！”艾丽双手叉腰命令道。

“我的小公主，我还得去采集稻谷，不能陪你玩。”杰克哭丧着脸回答。

“你手上拿的是什么？给我玩玩。”艾丽说完就要抢夺弹射器。杰克摇摇头说：“我的小公主，你就别捣乱了，完不成今天的采集任务，我们就得挨饿了！”

“我可不管！”说完，艾丽把杰克拉到大树底下，悄悄地说：“我带你去看样东西！”“什么东西？在哪里？”杰克反问道。

艾丽指了指大树，说：“爬到大树的顶端，你就能看到了！”

杰克看了看这棵十几米高的大树，吓得脸都发白了，“爬树？不……不，不行，我有恐高症！”说完他转身就想溜。

艾丽一把抱住杰克，拼命地扇动自己背上的翅膀。“起飞啦！”杰克吓得紧闭双眼，嘴里喃喃自语：“完了，这下完了，摔下去肯定粉身碎骨。”

“杰克，你看远处，人们正在收割稻谷！”艾丽把杰克轻轻放在一片大树叶上。

“这就是你让我冒着生命危险来看的东西？”杰克对艾丽的做法很不解。

“我想让你发明一种能使稻秆倒下来的工具，这样我们就能收集更多的稻谷。”艾丽说出了自己的想法。

“好办法。”两只小蚂蚁说干就干，杰克还真的发明出了稻谷收割机。

“如果告诉母后，她肯定高兴！”杰克和艾丽来到蚁后的宫殿，看到蚁后愁眉苦脸的样子。“母后，你怎么了？”艾丽关心地问道。

“唉，今天又有几名工蚁失踪了。”蚁后爱抚着艾丽的头说道。

“蚁后，如果我没记错的话，这是第六次工蚁失踪案了，你知道他们在哪失踪的吗？”杰克问道。

“第一次在王国的北面，第二次在王国的西面，第三次到第六次都在王国的西北方向。”蚁后在地图上标了出来。

“那是黄沙区！”

“对，我已派了侦察小队前往调查了。”

杰克和艾丽决定也去失踪区域侦察一番，途中，艾丽被路边的野花吸引了，“太美了！红花、黄花、紫花、蓝花、红花、黄花、紫花、蓝花……这些花的排列很特别，杰克，你知道第99朵是什么颜色吗？”

“4种颜色为一组，用99÷4=24组……3朵，所以第99朵是紫花。”杰克头也不回地答道，他在寻找线索。

突然，从黄沙里钻出一群张牙舞爪的怪物向他俩冲来。“杰克，快跑！”艾丽抱着杰克奋力地扇动翅膀飞向天空。

考考你：100只蚂蚁排成一队，按3只工蚁、2只兵蚁的顺序排列，最后一只蚂蚁是工蚁还是兵蚁？一共有多少只工蚁？多少只兵蚁？

第三集

“妈妈，妈妈，我和杰克找到凶手了！”艾丽不顾蚁后和大臣们正在开会商讨，冲进皇宫大声叫道。

蚁后一边安慰一边说道：“别急，先喝口水再慢慢说。”

“他们藏在黄沙底下，小头凸眼，嘴像一把大钳子，浑身披着灰色铠甲……”艾丽一边比画一边滔滔不绝地描述着她所见到的怪物。

蚁后环顾四周，问道：“各位大臣可知此为何物？”大臣们面面相觑，都摇摇头表示不知道。杰克拿出笔，刷刷刷，很快就画了出来。

其中一个年岁最大的老臣一看，惊叫起来：“蚁狮，这是蚁狮！我们蚂蚁的天敌，蚁狮是蚁蛉的幼虫，这家伙凶狠无比，最爱吃肉。”

“可他是如何抓住我们的工蚁呢？”艾丽问道。

这个老臣也画了一幅图，并解释道：“蚁狮最喜欢钻进沙里，他们先挖一个沙坑，自己藏在最底下，只要有小昆虫掉进沙坑，就很难逃掉了。”

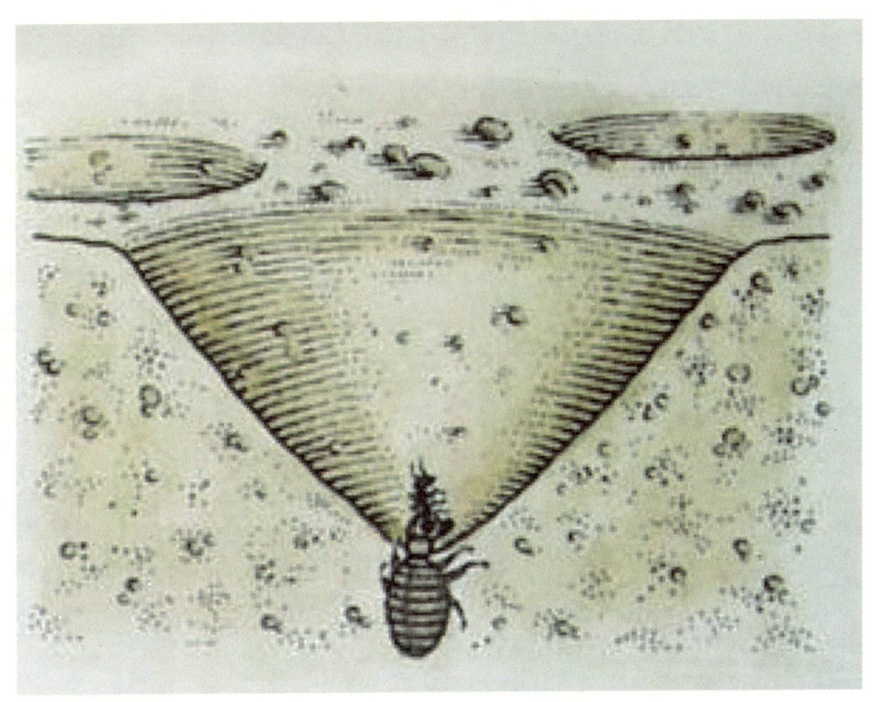

“这些阴险的家伙！”杰克恨得直咬牙。

“这些家伙最爱吃蚂蚁的幼虫。”老臣补充道。

蚁后一听幼虫，顿时紧张道：“幼虫，对，快去看看我的蚂蚁宝宝！”大家一起来到蚁巢最深处的育婴室。守卫打开一室，蚁后第一个冲进去。“谢天谢地，我的宝宝还在！”可来到第二育婴室时，他们发现守卫不见了，育婴室里空空如也，一个蚁宝宝也没有。蚁后顿时晕了过去，大伙七手八脚把蚁后救醒，问道：“蚁后，第二育婴室有多少蚁宝宝？”

蚁后一边哭一边说道：“前几天，我生了两窝蚁宝宝共 360 只，第一育婴室里的蚁宝宝是第二育婴室里的 2 倍。”

“快去清点第一育婴室里有多少蚁宝宝！”老臣命令道。“不用清点，我知道第二育婴室里有多少蚁宝宝。”杰克说完，在地上又画了两条线段：

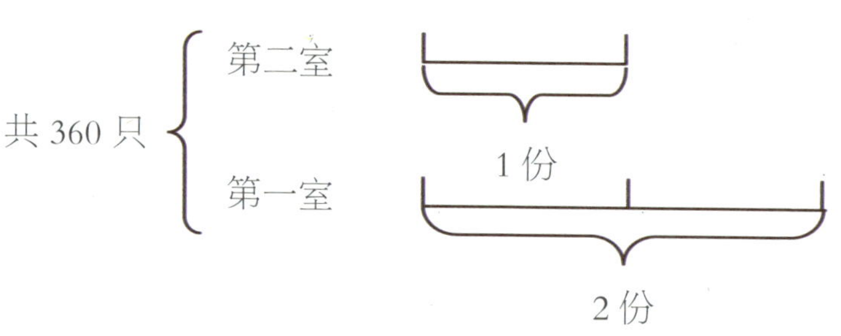

“根据图所示，我们可以看出，如果把第一室的蚁宝宝数量看成 1 份，第二室的蚁宝宝数量可以看成 2 份，加起来一共 3 份，360 ÷ 3=120 只，可知第二室有 120 只蚁宝宝，第一室有 240 只蚁宝宝。”杰克这样一解释，大伙都明白了。

当听到共有 120 只蚁宝宝被捉走了，蚁后再一次昏了过去：“你们……你们一定要找回蚁宝宝……”

夜晚，作战室里灯火通明，大臣们在商讨如何解救蚁宝宝的

方案。马克将军率先发言："给我一千勇士，直捣这帮强盗的老巢！"老臣艾文反对道："现在蚁后昏迷，敌情不知，我们贸然行动，赢的可能性不大。"

"这样不行，那样不行，总不能眼睁睁地看着蚁宝宝被吃掉吧！"马克怒道。

杰克小声建议道："先派侦察兵打前哨，大部队随后跟进，只有摸清敌情，我们才有可能取胜。"

最后，马克亲自率200勇士往西打探情况，杰克和艾丽率200勇士往北打探情况，副将军丹尼率3000士兵往西北方向行进。

考考你：仓库里稻谷和麦粒共1800粒，稻谷数量正好是麦粒的3倍，稻谷和麦粒各有多少粒？

第四集

“报……报告！我们又发现线索了。”侦察兵拿着一片小树叶慌慌张张前来报告。

杰克接过树叶使劲地嗅了嗅，点点头道：“嗯，这是蚁酸的味道，肯定是被抓守卫留下来的记号。”

“我们从育婴室最先发现的，每 25 分米就会出现同样的气味记号，这已是第 30 处啦！”侦察兵补充道。

艾丽一边算一边说道：“我明白了，这帮强盗每 25 分米休息一次，所以气味记号的间隔是 25 分米，现在我们已经发现了第 30 处记号，25×30=750 分米。呀！我们已走了 750 分米，也就是 75 米啦。”

“25×30？这样算不对！”杰克说道。

“不对？错哪里了。”艾丽反问道。

杰克又画了一条长长的线段，指着图问道：“第 1 处记号到第 30 处记号中间有多少个间隔呢？”

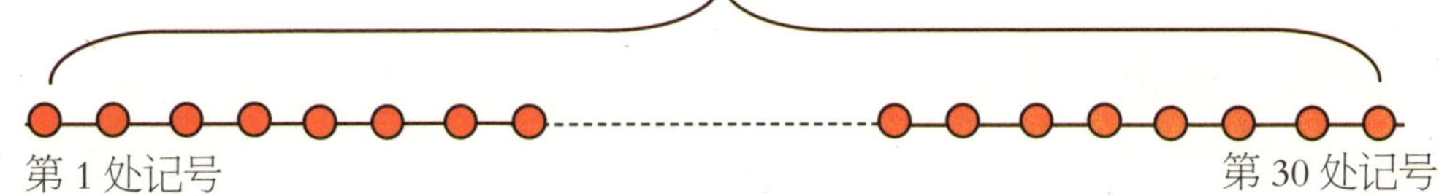

“哦，我明白了，这种情况段数要比点数少 1 个，所以应该是 25×29，可是……可是这个算式该如何计算呢？”艾丽又遇到了一个问题。

“可以列竖式计算！”杰克说完列了一个竖式，一边计算，一边讲其中的算理：

$$
\begin{array}{r}
25 \\
\times\quad 29 \\
\hline
225 \\
50 \\
\hline
725
\end{array}
$$

225……先用个位上的 9×25 等于 225 个一

50……再用十位上的 2×25 等于 50 个十

725……最后合起来是 725

突然，不远处的草丛动了起来，“有情况，士兵们准备战斗！”杰克命令道。

蚂蚁士兵用抛石器向草丛中扔石块，“别砸，是我，马克！”草丛中传来蚂蚁将军的声音。

“真是大水冲了龙王庙，快把马克将军扶出来。”杰克立刻下令停止进攻。

马克将军衣衫褴褛，早没有了将军的威风，他接过杰克的水壶

猛灌了几口，长叹一声，说道："我的部队中了蚁狮的埋伏，只有我一个逃了出来。"

"200名蚂蚁士兵全军覆没了？蚁狮这么厉害吗？"杰克问道。

"都怪我轻敌，遇到十几只蚁狮巡逻队，我想把他们活捉了带回去，可当我的士兵冲上去和蚁狮交战时，才发现这些家伙的铠甲根本刺不破，抛石机发射的石块也不起作用。"马克回想起当初的交战，一脸的无奈。

"这个问题很严重，传令兵，你现在迅速给副将军丹尼送信，让他带部队回到蚂蚁王国，我们要重新制定作战方案。"杰克当机立断，因为在没有必胜把握的情况下，最好是先找出敌人的弱点，然后再出击。

杰克追上丹尼的蚂蚁大军后，丹尼问道："没打就回去，如果敌人追过来怎么办？"

"挖陷阱！可以延缓敌人的进攻。"杰克立刻下令所有蚂蚁士兵在途经蚂蚁王国的必经道路上挖深深的陷阱。

考考你：蚂蚁王国的一条大道长40厘米，在大道的一侧，每5厘米安装一盏路灯，大道首尾都装，一共要准备多少盏路灯？

第五集

丹尼副将军对杰克发号施令感到十分不满。“你说进攻就进攻，你说回家就回家，真把自己当成大将军了？”

“士兵们，为了救出蚁宝宝，本将军决定与蚁狮决一死战！”丹尼大手一挥，准备带部队出战。

“站住！”马克将军一声怒吼，蚂蚁士兵们都停了下来。

马克将军拿出将军印交给杰克，他更相信杰克能取得这场战争的胜利。“从今往后，杰克成为蚂蚁王国的大将军，所有士兵都要听从他的号令。”

“马克将军，你现在带领士兵们挖陷阱，我先带艾丽公主回去商讨应敌计策。”杰克说道。

马克不放心，特意安排了 100 名蚂蚁勇士保护杰克和艾丽。途中路过一片灌木丛，艾丽揉了揉脚丫子，叫苦道：“这一天奔来奔去，我的脚都磨出泡了，不行，你得背我！”杰克只能下令让士兵原地休息，他给艾丽包扎脚丫。

“不好，有危险！”杰克大叫一声，拉着艾丽跑了出来。

一张大网从天而降，100 名士兵都被罩在了里面，这时一只蜘蛛从树枝上倒挂了下来。杰克怒道：“我们无冤无仇，你为什么要偷袭我们！”

“抓你们还要理由吗？”蜘蛛冷笑道。

杰克悄悄地拿出一把刀递给艾丽，指了指蜘蛛屁股上的一根丝线，艾丽立刻明白了，她悄悄地退后，飞上了树梢。

杰克对着艾丽喊道：“把她的丝线割断了！”蜘蛛一听顿时吓坏了，连忙叫道：“别割，我说，我说……”原来蜘蛛大婶的蜘蛛宝宝也被蚁狮抓走了，蚁狮让她用蚂蚁来交换。

“这帮可恶的强盗！”杰克恨得直咬牙，他也把蚂蚁王国的情况和蜘蛛大婶讲了一番。蜘蛛大婶：“原来我们的遭遇是一样的。”

“只要你愿意帮忙，我想我有办法救出你的蜘蛛宝宝。”杰克自信地说道。

“说吧，你要我帮你们做什么！”

“麻烦你帮我们织 50 张长 15 厘米，宽 12 厘米的大网，在战斗中，我们用得着！”

蜘蛛大婶在地上算了起来：15×12=180 平方厘米。“我觉得面积小了点，如果两三只蚁狮在一起，就不能一下子网住他们。”

“那你觉得应该织多大呢？”艾丽问道。

“我觉得长、宽都是 18 厘米的网最好！”蜘蛛大婶思考了一会儿说道。

“18 － 15=3，18 － 12=6，3×6=18，面积也没有增加多少呀。”艾丽又说道。

杰克笑道：“你这种算法又错了，长、宽都是 18 厘米的正方形，面积是 18×18=324 平方厘米，比原来 180 平方厘米足足多了 324 － 180=144 平方厘米。”

艾丽感慨道：“没想到长和宽没增加多少，面积却能多出这么多呀。”

考考你：一个正方形，边长 12 厘米，如果长和宽各增加 5 厘米，面积增加多少平方厘米？

第六集

蜘蛛大婶立刻开始编织大网。“你帮我算算，织一张大网要 3 分钟，那么织 50 张大网一共要多少时间呢？”

艾丽说道：“这个我会算，只要用 3 × 50=150 分钟。”

蜘蛛大婶又问道：“我织 5 张大网后必须休息 2 分钟，织完这 50 张网，要多少时间呢？”

艾丽不假思索地答道：“50 ÷ 5=10 次，说明你一共织了 10 次，也就要休息 10 次，10 × 2=20 分钟，求出你休息的时间，加上织网的时间一共是 170 分钟。”

杰克摇摇头，在地上又画了一条线段，说道：“艾丽，你又错了！织 5 张休息 2 分钟，当织完最后 5 张网时就不用计算休息时间了，所以休息的次数比织网的次数少 1 次，蜘蛛大婶织完 50 张网一共要 168 分钟。”

“全体士兵注意警戒！”杰克安排好任务之后，开始改装他的弹射器，他又给弹射器增加了几根牛筋，这样弹射的力量更大，射击得更远，可想到蚁狮那厚厚的盔甲，杰克又愁了起来：“厚厚的盔甲如何才能击穿呢？”

“这沙地上有一棵沙枣树，树枝上的刺十分坚硬，我们蜘蛛都不敢在上面织网，一不小心就会被刺伤。”蜘蛛大婶说。

杰克和艾丽立刻找到了这棵沙枣树，锯下了一根沙枣刺，安装在弹射器上，对准沙枣树，“啪”的一声，沙枣刺深深地刺进了树皮，“耶，成功了！”

杰克立刻吩咐士兵上树锯沙枣刺，“每人锯 10 根，我要组建一支神机小队。”

艾丽闲着没事，看蜘蛛大婶织网：“蜘蛛大婶，你织的图案真漂亮，我也要学。”

蜘蛛大婶乐呵呵地说：“小公主，我出个问题考考你，你看这个大网图案中，有多少个正方形呢？”

“蜘蛛大婶，你的问题太简单了，$5\times5=25$ 个正方形。”艾丽脱口而出。

杰克笑道：“艾丽，你只考虑了小正方形的个数，4 个小正方形、9 个小正方形、16 个小正方形、25 个小正方形拼成的大正方形，你没有考虑哦。”

艾丽恍然大悟：“应该是 $5\times5+4\times4+3\times3+2\times2+1\times1=25+16+9+4+1=55$ 个正方形。”

蜘蛛大婶的大网织好了，士兵们收集沙枣刺的工作也完成了，杰克整理队伍准备返回蚂蚁王国。临行前，蜘蛛大婶说道：“营救蜘蛛宝宝的事就交给你了。”杰克拍着胸脯说道：“放心吧，我一定把蜘蛛宝宝救出来，蜘蛛大婶，你知道蚁狮还有什么弱点吗？”

蜘蛛大婶回想了一会儿，说：“他们好像是倒退着走路，不知道这算不算是他们的弱点。”

“太棒了，这可是一条十分有价值的信息。蚁狮在运动中，只能看到后方，却看不到前方，这是我们打败他们的最好时机。”

考考你：下图中有几个角？几个长方形？

第七集

克杰一回到蚂蚁王国，就对蚂蚁军队进行了大刀阔斧的改革，在原来单一陆军的基础上，新组建了天网军和神机小队。

“杰克，你的部队训练得如何了？”艾丽带着大臣们来到练兵场查看士兵的训练情况。

杰克帅旗一挥，从灌木上飞下一张张大网，精准地罩在假蚁狮的身上，大网四个角上的蚂蚁交叉跑动，很快就把假蚁狮捆了个结结实实。紧接着，杰克令旗一挥，从草丛中射出一根根枣刺，假蚁狮身上插满了刺，活像一只刺猬。

“杰克，太棒了！”艾丽由衷地为蚂蚁士兵的出色表现鼓起掌来。

“报……”哨兵急奔而来，“报告将军，王国的西北方向发现大批蚁狮。”

“来了多少敌人？”

“没来得数，我只看到敌人排成了一个里外三层的空心方阵，最外层每边上有 30 只蚁狮。”哨兵答道。

副将军丹尼怒道：“快去数清了再来报告！”

杰克笑道：“不用数了，我已知道来了多少只蚁狮。”

艾丽纳闷道：“你怎么知道的？”

杰克不慌不忙地列了一个公式，介绍道：“空心方阵算法：总数＝（外层个数－层数）×层数×4，所以（30－3）×3×4=27×3×4=324。”

大伙恍然大悟道：“原来是这么回事！”

马克将军曾经败给蚁狮，担忧道：“这么多蚁狮，我们如何打得赢呢？”杰克笑道：“我就希望蚁狮能倾巢而出，这样我们就能去他们的老巢救出蚂蚁宝宝和蜘蛛宝宝了。”

“你准备如何应战？”大伙最关心的就是这个问题了。

“丹尼将军，现在派你带500只蚂蚁士兵前去应战，记住！只能败不能胜，打败了就往这片灌木丛跑。”杰克对丹尼副将军说。

“打败仗？还逃跑？这可不是我的风格。”丹尼不知道杰克的葫芦里卖的是什么药。杰克解释道：“在平地上作战，我们蚂蚁士兵不是蚁狮的对手。可在灌木丛中，他们就无法团队作战了，而我们的天网军和神机小队就能发挥出最大的战斗力。”

丹尼副将军一听，心里的结打开了，带着500名士兵出发了。

马克将军想报仇雪恨，他焦急地问道："杰克将军，给我布置任务吧！"杰克转身对马克将军说："这次蚁狮全军出动，他们的老巢里肯定没有多少士兵把守，请你带 1000 名士兵去救出蚂蚁宝宝和蜘蛛宝宝。"

马克将军拍着胸脯说："这一次我保证完成任务！"

不一会儿，丹尼带着士兵们逃进了灌木丛中，初战告捷的蚁狮跟着冲进了灌木丛。杰克知道机会来了，他手挥令旗，一张张天网从树上落下，把蚁狮们捆住，神机小队的枣刺深深扎进蚁狮的身体。

"不好，我们中埋伏了！"蚁狮将军大叫。

"钻入地下，撤退！"

蚁狮在松软的沙地很容易钻进地底下，这是杰克没有料想到的，只能眼睁睁地看着蚁狮军队逃出了灌木丛。

战斗结束了，马克将军也顺利地救出了所有的被俘士兵和蚂蚁宝宝、蜘蛛宝宝，蚂蚁王国举国欢庆胜利，而杰克却在思考接下来如何应对蚁狮的第二次进攻。

考考你：杰克让士兵们排了一个里外共 5 层的空心正方形方阵，每边有 20 个士兵，这个空心方阵共有多少蚂蚁士兵呢？

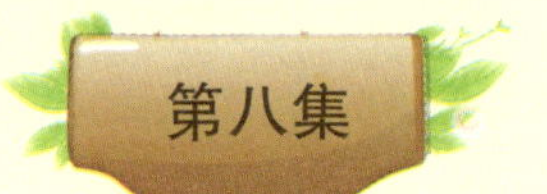

第八集

夜深人静，蚂蚁王国的臣民都已入睡，杰克的房间里仍然亮着灯，艾丽走进来，轻声问道："杰克，这么晚了你还不睡吗？"杰克指着蚂蚁王国的地图说道："艾丽，我们蚂蚁王国正中央是一座蚁山，周边全是平地，无险可守，如果蚁狮从地下进攻，我们必败。"

"那怎么办？我们不能坐以待毙呀！"艾丽焦急道，"杰克，我们在蚁山周围筑一道城墙如何？"

杰克摇摇头说："不行，你忘记蚁狮会钻洞了吗？"

"挖一条深坑呢？"

杰克一拍脑袋，兴奋地说道："对，再在坑里放上水，关门打狗，全歼蚁狮！"说完，杰

克在图上画了起来：

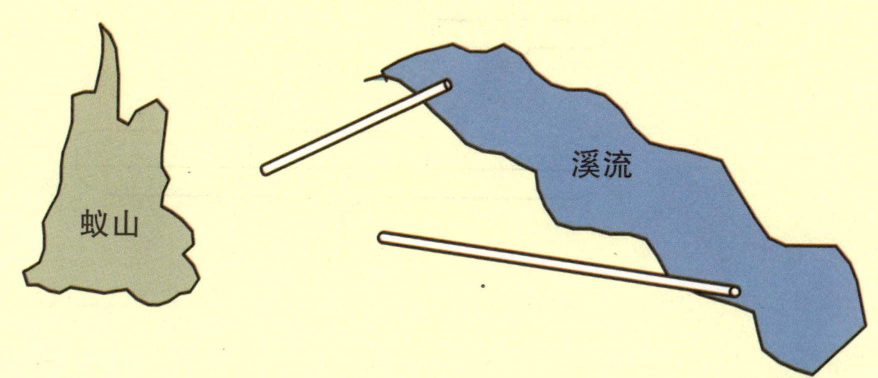

杰克指着图纸，自信地说道："我们在蚁山的四周挖一条深坑，当蚁狮进入深坑时，我们再从溪流里引入水，把蚁狮关起来，我们居高临下，发起攻击！"

"万一蚁狮像上次一样钻进地下怎么办？"艾丽反问道。

杰克拿出一小瓶蚁山周边的泥土，加了一点儿水，笑道："你看，这泥土加上水后变得十分黏稠，到时蚁狮便会深陷泥潭，动弹不得。"

第二天，蚂蚁国的士兵分成了两组，第一组在蚁山的周边挖深坑，第二组收集稻秆，制成引水管。

杰克在视察工程进度时发现稻秆采集的速度太慢，问道："马克将军，你是如何分工的？"

马克将军答道："挖深坑的士兵数是采集稻秆士兵数的3倍，而且挖深坑的士兵比采集稻秆士兵多1000名。"

杰克在地上又画了两条线段：

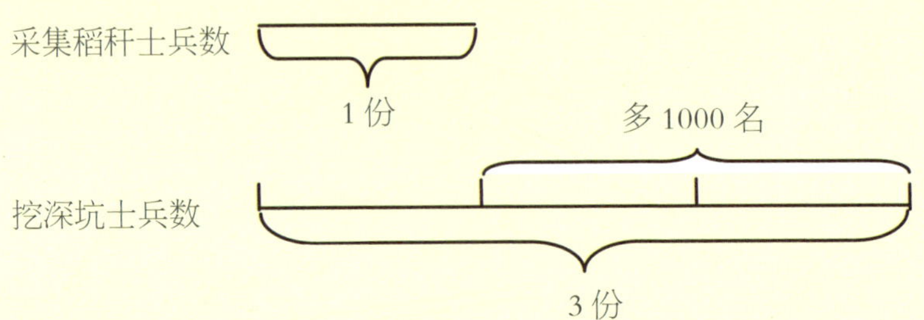

杰克说道："挖深坑士兵1500名，采集稻秆士兵500名，这样吧，从挖深坑士兵中调300名去采集稻秆，我要铺设更多的引流管道。"

一切准备就绪，蚁狮军团来到深坑外，乐道："哈哈，就凭这个小小的坑就想拦住我们吗？"

"进攻！把蚁山给我团团围住！"蚁狮将军发出了进攻指令。

杰克站在蚁山顶上，看到所有的蚁狮爬过了深坑，他一挥旗子，几十根引流管同时往深坑里灌水，深坑变成了一条护城河，截断了蚁狮的退路。杰克再一次挥动令旗，蚁山上的士兵不断向下射击。蚁狮将军不慌不忙，命令道："全部钻地，从地下进攻蚁山。"

所有的蚁狮都钻入地下，地面上形成了一个个锥形坑，杰克笑道："浇水捉蚁狮！"蚂蚁士兵抬着引流管，给每个蚁狮坑灌水，蚁狮在黏稠的泥土里不能动弹，蚂蚁士兵把一只只蚁狮都捆了起来。

杰克命令士兵采集大树叶当船，把蚁狮们放到船上，笑道："溪水流到哪里，你们就到哪里去吧，我再也不想见到你们了。"

蚁狮将军在船上大叫："我一定还会回来的……"

神奇的密码城

文 / 陈东栋

手机密码、保险箱密码、开门密码，电脑密码，就连电视也设置了儿童密码锁，一天，马超约了赵明来家看电视，他俩正在研究如何破解电视密码时，电视上出现了一扇城门，把他们给吸了进去……

“这是哪儿？”

“我也不知道。”马超环顾四周，发现他们来到一个陌生的国度。

“瞧，前面有座城，我们去问问！”赵明拉着马超往城门跑去。“哎哟，你踩到我的脚了！”一个全身脏兮兮的老人抱着赵明的腿不放。

赵明紧张了，蹲下和老人打招呼：“老爷爷，我不是故意的，你看，我身无分文，只有这包薯条。”老人接过薯条，尝了一根，站起身来围着他们上下打量了一番后，说道：“凭我乞讨

30 年的经验，你们不是本地人啊！”

马超说道：“对！老爷爷，我们迷路了，这是哪里？”老人回答：“密码城，样样都要密码，不懂破解密码寸步难行。”马超把身上仅有的几块巧克力送给了老人，以表谢意。

马超和赵明来到城门口，看到城门上三个烫金大字——密码城。

马超问道：“你听说过这个城市吗？”

赵明摇摇头：“没听过，我们进城再说吧！”

“站住！你们的邀请码呢？”两个握枪的警卫拦住了他们。

“邀请码？”

“进城必须要破解城墙上的邀请码！”警卫指了指城墙上的公告栏。

马超和赵明来到公告栏前，看到上面贴了一个算式：

$$
\begin{array}{r}
\text{今天的邀请码} \\
\times \qquad\qquad \text{码} \\
\hline
999999
\end{array}
$$

马超思考了一会儿，伸手就要揭墙上的纸。赵明立刻拦住，指着旁边的告示说：“想清楚了再揭，你看，如果答错了，要被选去IQ改造三年。”

马超自信地说：“放心，错不了，今天的邀请码是‘142857’。”

赵明还不放心，又说道：“你可算仔细了，我可不想被IQ改造三年，对了，什么是IQ？”

马超笑道：“IQ是智商，就你这智商，是得改造改造，三年不够就六年。”

赵明不服气道：“哼，就你智商高，那你说说，是如何推算出来的？”

答案：

由于不同的“字”代表不同的数字，根据“码”×“码”的积是9，可以推算出“码”可能是3或7。假如“码”是3，那么“码”×“请”的积的个位是9就不成立，所以“码”只能是7。7×7=49，“请”×“码”＋4的和的个位也是9，那么“请”=5。依次可以推算出“邀”=8，“的”=2，“天”=4，“今”=1。

第二集

马超和赵明走在密码城的大街上，发现城里所有东西都是免费的，但必须先破解密码。

“咕噜噜。”赵明的肚子不争气地叫了起来。“马超，我们找点东西吃吧，我饿得前胸贴后背了。”赵明勒紧了皮带，提议道。

“我们如何才能回去都不知道，你还惦记着吃。”

赵明也不恼，嬉皮笑脸道：“俗话说‘人是铁饭是钢’，吃饱了才有力气想问题嘛。”

“瞧，前面有家餐馆，我们先吃饱了再说。”赵明拉着马超走进一家名为“密码餐厅”的饭店，两人坐下等了好一会儿，也不见服务员来点菜，赵明生气地叫道：“服务员，点菜！”

这时从厨房里走出一个手拿菜刀的大汉，指着台上的一个平板电脑怒道：“你不点菜，我如何做？”

赵明哆哆嗦嗦地说：“马……马超，这……这会不会是家黑……黑店？”马超顺着大汉手指的方向，发现每个桌上都有一个平板电脑，顿时明白了，连忙说道：“大叔，我们马上点菜！”

马超打开平板电脑，果然，所有的菜谱全在里面，赵明夺过电脑，乐道：“我要吃龙虾、烤鸭、红烧肉……”

“马超，这菜单怎么点菜？”赵明只能又把电脑递给马超，马超看了看，发现每道菜的后面都有一个密码算式，越是贵重的菜，配的密码算式的难度就越大。“你忘记啦，这是‘密码餐厅’，吃饭当然要破解密码了。”

“原来是这么回事，我来点菜！”赵明又夺过电脑，把自己喜欢吃的菜挑了出来，最后发现这些菜的密码自己一个也解不了。赵明只好假装客气道：“马超，还是你点菜吧，你点的我都喜欢。”

马超看了一会儿，只解开了一道菜的密码：酸辣土豆 =3527。

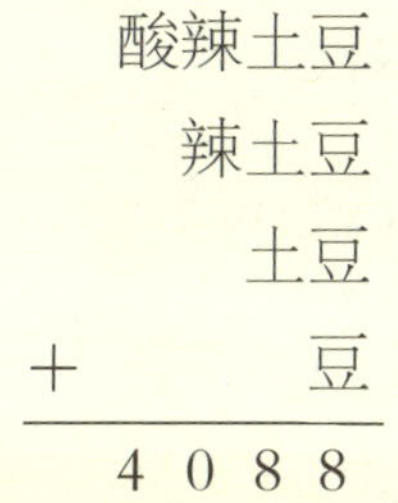

很快，服务员端来了一盘酸辣土豆，“你们的菜上齐了！”

“马超，就一道菜吗？”赵明责怪马超。

“要吃龙虾，你自己点，这个密码我可破不了！”马超拿起筷子自己吃了起来。

“我来就我来。”赵明专心研究起来。

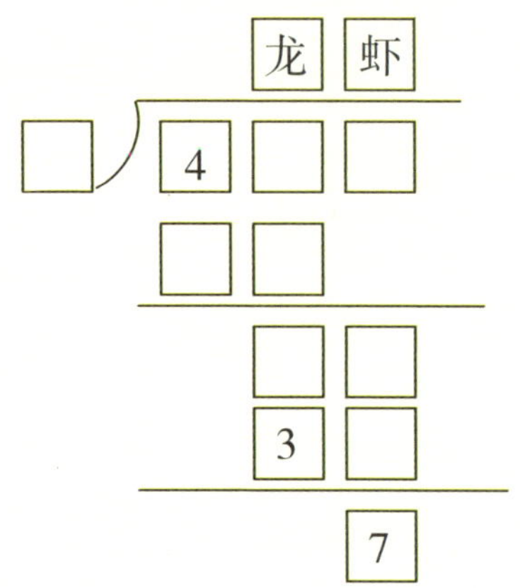

赵明绞尽脑汁，最终还是失败了，当他抬头一看，发现一盘子土豆就剩一点点了，怒道：“你给我留点！”

马超笑道：“你有龙虾吃，我想你肯定看不上这酸辣土豆了。”

赵明抢过盘子，连盘里的汤汁也没放过，他真的是饿坏了。

根据余数比除数小，所以除数只可能是 8 或 9，最后可以推算出除数不管是 8 或者 9，商都是 54，也就是龙虾 =54。

第三集

赵明和马超走出“密码餐厅”，在大街上漫无目的地闲逛，看到什么都觉得很稀奇。突然赵明停下脚步，使劲地嗅了嗅鼻子，“你闻，是什么味？”

马超学着赵明的样子，使劲地嗅了嗅，摇摇头说：“什么味，我怎么闻不出来？”

“是冰糖葫芦，绝对是冰糖葫芦！”赵明四处观望，果然发现不远处有一个卖冰糖葫芦的摊点。

“你小子的鼻子挺灵呀。”马超笑道。

“老板，冰糖葫

芦怎么卖？”转眼间，赵明已经到了摊点前，和老板聊上了。

“在 5 个冰糖葫芦间添上‘＋’‘－’‘×’‘÷’或括号，使等式成立，我就给你串一串。”

“哈哈，这个简单！”赵明稍加思考，很快就写出了四个等式。

（1 ＋ 2）÷3 ＋ 4 ＋ 5=10

（1 ＋ 2）×3 － 4 ＋ 5=10

1 ＋ 2 ＋ 3×4 － 5=10

（1×2×3 － 4）×5=10

赵明一手拿 2 个冰糖葫芦，得意道：“马超，你来晚了，冰糖葫芦全归我了，送你一串。”

他们一边走一边吃着糖葫芦，突然身后传来叫喊声：“站住！你给我站住！”只见一个大汉在追一个小女孩，小女孩明显跑不过大汉，很快就被追上了，大汉还从小女孩身上夺走了一包东西。

马超挺身而出，大吼一声：“住手！以大欺小，你羞不羞？”

“哟，哪冒出来的两个小鬼，你们少管闲事！”大汉挥舞着大拳头。

突然，大汉抢来的包里掉出了许多硬币。

“这是我的密码币！”小女孩委屈地哭道。

“哼，吃了我的苹果，就得拿东西来换！”大汉恶狠狠地说道。

“一粒苹果就想换这么多密码币，真是黑心商人。”大伙议论纷纷。

大汉小心翼翼地捡起地上的密码币，开心地笑道：“有了这 23 枚密码币，我就集满了 100 枚，就可以开启时光隧道，离开密码城了。”

“快把密码币还给她！”

大汉自知理亏，连忙说道：“你们如果真想帮这小丫头，我们就来一场公平比赛。”

“比什么？”

大汉把密码币倒在桌上，说：“这里有 23 枚密码币，其中 10 枚正面朝上，你们其中一人蒙上眼睛，把这 23 枚密码币分成两堆，如果每堆中正面朝上的个数相等，我就把密码币还给她。”

“密码币正反面根本摸不出来，蒙上眼睛分，这也叫公平？”赵明反对。

马超想了想后说：“一言为定，大伙给我们做个证明。”

说完，马超蒙上了眼睛，他迅速把 23 枚密码币分成了两堆，一堆 13 枚，另一堆 10 枚，然后把 10 枚这一堆的密码币全都翻了一面。

大伙一看，果真两堆硬币中正面朝上的个数相等，大汉只好丢下密码币灰溜溜地走了。

“对了，你叫什么名字？给我们讲讲密码城的事吧。”马超问道。

“我叫小雅，出生在密码城，爸爸妈妈说他们来自另外一个世界，所以我特别想去看看。”

赵明激动地问道：“你知道去另外一个世界的通道吗？”

“只要集满 100 枚密码币，就能获得一张时光隧道的门票。”小雅掏出口袋中的密码币。

小雅给了马超和赵明每人一枚密码币留

作纪念，马超接过密码币，仔细看了看，说：“小雅，这密码币还有什么功能吗？在哪能获得密码币？”

“密码币的作用可大了，每枚密码币可以充当一次破解密码，还可以获得一次与外面世界的通话机会。不过，必须要破解国王出的密码题才能获得密码币……”

马超自言自语道：“看来，要想出去，必须去破解国王的密码题了。”

“瞧，前面就是薯条馆，里面既好玩又好吃，我们进去吧！”小雅拉着马超和赵明跑进薯条馆。

这是一个比足球场还大的场馆，许多小朋友围在一台台薯条机前思考着，赵明好奇地挤进人群，发现薯条机就是一台显示器，屏幕上显示着一个用薯条拼成的算式，如果你能按屏幕显示的要求完成破解任务，就能获得相应的薯条奖励。

三人找了一台薯条机，开启机器后，屏幕上立刻显示一个算式和一行字：请移动一根薯条，使算式成立。

$$14+7=1$$

“哈哈，这个简单，我来！”赵明抢先说道。

“你可想好了，万一错了，就会被罚到厨房里切一天的土豆丝。”小雅提醒道。

答案：

9−9=0；8−1=7；7−4=3。

“错不了！ 14 — 7=7。”赵明自信地说。

赵明修改完后，薯条机自动吐出一大包薯条，赵明拿过薯条得意地说：“你们继续，我先吃了。”

接着薯条机的显示屏幕上又出现了一些算式：

9−5=8

8+1=1

7−4=5

第五集

“我吃得太饱了！”

“让你少吃点，现在多难受。”

“少吃点？我们在这密码城举目无亲，吃了上顿没下顿，我恨不得把明天的饭也吃下去。”赵明摸了摸像西瓜般大的肚子。

马超对小雅挤了挤眼，突然神秘兮兮地对赵明说道：“不好，我们被人跟踪了，别回头，快点往前走！”

赵明一下子紧张了起来，“是谁？干吗跟踪我们？”

马超指了指小雅的口袋说：“小雅身上有20多枚密码币，那可是一笔巨额财富，我们肯定被坏人盯上了。”

赵明吓得冷汗直冒，“快走啊，往人多的地方去，光

天化日，他们总不会对我们下手吧？”

走了好长一段路后，赵明才回头看了看，问道：“坏人跟来没？”

马超笑道：“你得感谢‘坏人’，是他治好了你的打嗝。”

“咦，真的不打了，哈哈，没想到一个惊吓治好了我的打嗝。”赵明这才明白，原来“坏人”是马超故意编出来吓自己的。

“马超，下回你可不要这么一惊一乍的，我的小心脏可受不了。”赵明责怪马超。

“咣……咣……”远处传来铜锣声。

“快走！”小雅拉着赵明和马超就往前面的人群里挤。

“干吗？又有坏人了？”赵明问。

“国王又发密码榜了，如果解开了就能领到密码币！”小雅解释道。

三个小家伙好不容易才抢到了一张“密码榜”，只见上面写着：把1～7填入圆圈内，使每个圆上的三个数字之和以及每条直线上三个数字之和都相等。

马超稍加思考，很快就填出了答案：

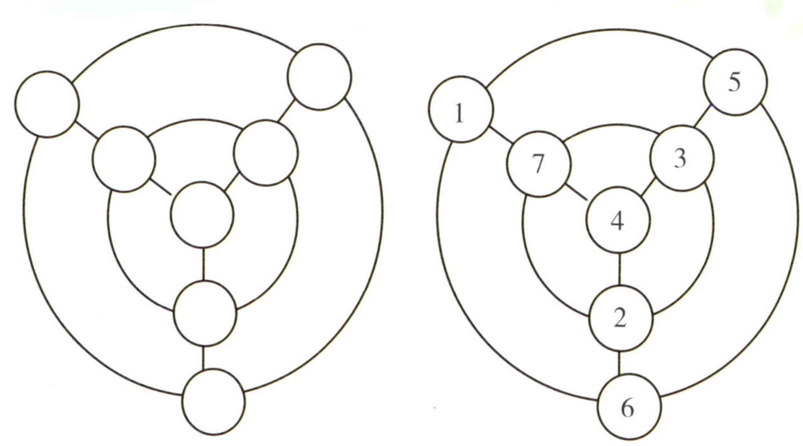

马超拿着答案准备上交时，手中的密码榜却被一个红头发的年轻人抢走了，“抓小偷，有人抢了我的密码榜！”马超大叫起来。

“小家伙，你别诬陷好人，谁能证明这张密码榜是你的？”红头发青年得意地说道。

这时考官走了过来，说道：“你有什么证据能证明那张密码榜是你的呢？”

“这……这……考官大人，你可以出一道同类型的密码题，我和他比比谁能解开密码！”马超灵机一动，想到了办法。

考官想了想，说：“行，不过，小家伙，如果谁输了，谁就要被 IQ 改造三年。”

“行，你出题吧！”

考官重新拿出一张密码榜，上面写着：将 1 ~ 8 填入圆圈，使横线、竖线、大圆、小圆上四个数的和相等。

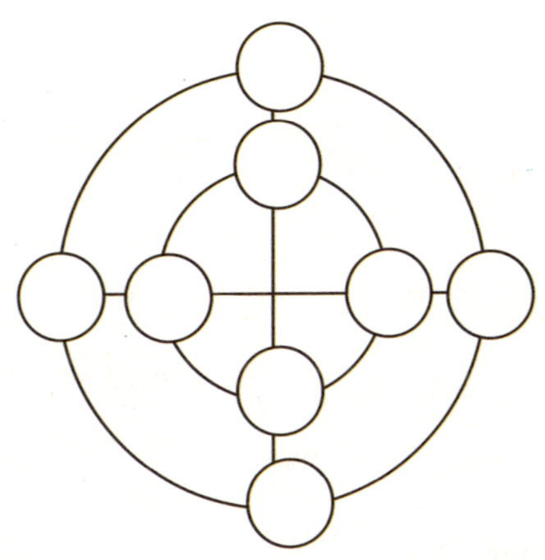

马超很快就解开了密码，但红头发青年挠了半天头也没解开，IQ 改造是逃不了了。

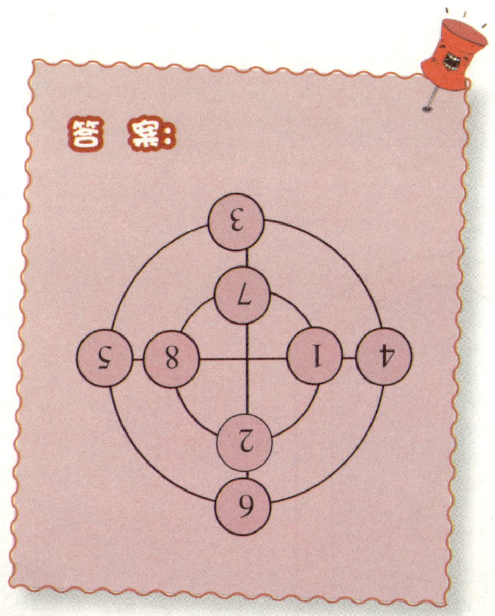

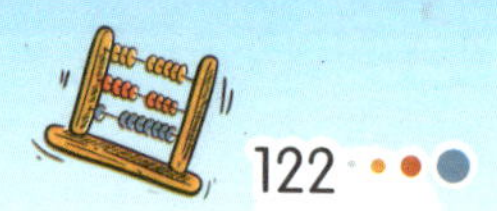

第六集

“哈哈，没想到这一次咱们因祸得福，不仅得到 100 枚密码币的奖励，明天国王还会亲自接见我们。”马超怀里揣着密码币，心里乐开了花。

“走，咱们去打个电话报平安。”

小雅指着前方一座像大喇叭的建筑，说：“瞧，前面就是电话馆了，你们进去打电话，我在外面等你们！”

赵明和马超交了密码币后，服务人员把他们领到两间小屋子前，嘱咐道：“屋里有电话，限时 5 分钟，超过时间另外收取一枚密码币。”

马超走进小屋子，看到桌上放了一台类似手机的通

讯设备，他打开设备，发现数字键上没有标明数字，显示屏上有一段字：数字的排列顺序如下，把 0~9 这十个数字填入圆圈内，使每个正方形顶点圆圈内的四个数之和都相等，而且最大。

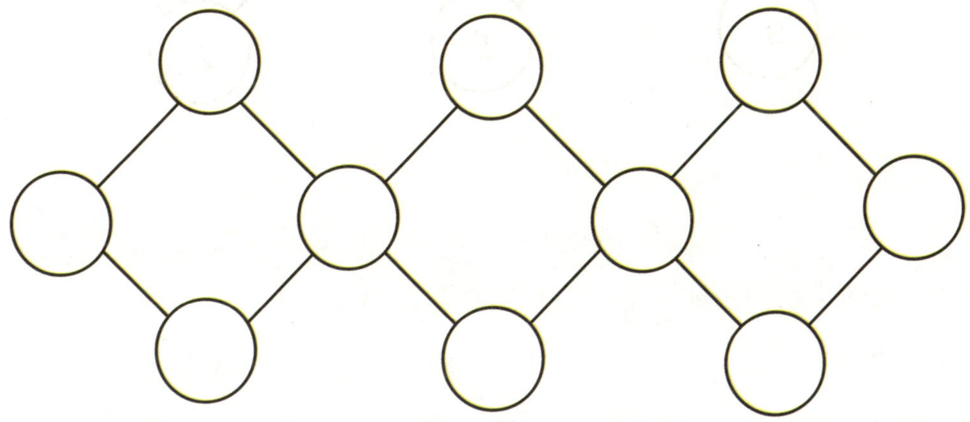

马超心想：0~9 十个数字之和是 45，要使每个正方形顶点圆圈内的数字之和最大，那么中间两个圆圈应该填最大的数字 9 和 8，但 45 ＋ 9 ＋ 8=62，不是 3 的倍数，所以中间两个圆圈内只能填 8 和 7，45 ＋ 8 ＋ 7=60，60 ÷ 3=20，所以每个正方形顶点圆圈内的数字之和应该是 20。想到这里，马超自信地填入数字：

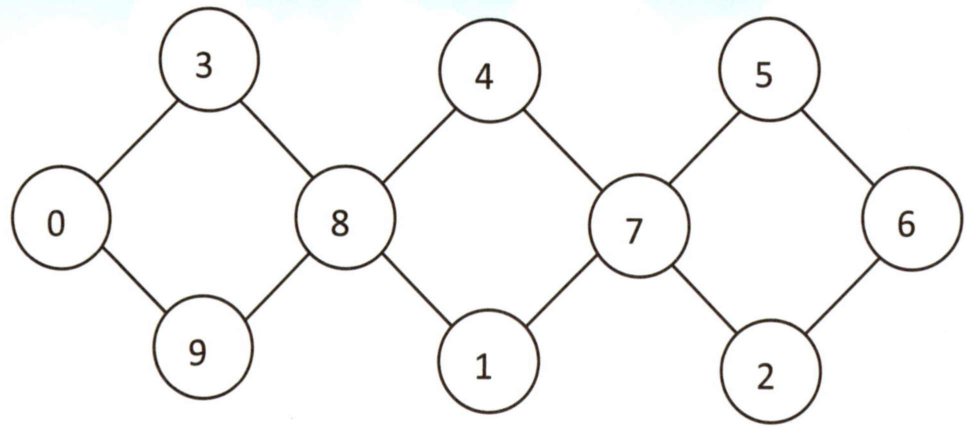

显示屏上出现：数字键确认成功，可以打电话了。

“妈妈，我和赵明被吸到一个神秘的密码国好长时间了，这里的衣食住行全要破解密码……”马超还没说完，电话里传来妈妈的声音：“儿子，妈妈刚离家半小时，你别胡说了，好好做作业，下班后我要检查，不聊了，妈妈还得上班。”说完妈妈就挂了电话。

“喂，喂，妈妈，我说的是真的……”马超走出屋子，发现赵明还没有出来。五分钟后，赵明一脸沮丧地出来：“什么破电话，按键上都没有数字，我要退话费！”

马超明白了，上前安慰他。

赵明不甘心地说：“我是心疼那 1 枚密码币，按键上的数字为什么不标上去呢？”马超后来才知道，赵明的设备显示屏上也有一道密码题：把 1~9 这九个数字填入 9 个圆圈内，使四个等式成立。可赵明没有破解出来，所以白白浪费了一枚密码币。

答案:

9 − 5 = 4

×

6 ÷ 3 = 2

=

1 + 7 = 8

0

第七集

天快黑了，马超建议：“我们先找家旅店住一晚，明天还得去皇宫呢。”

赵明看了一下手表，疑惑道：“我的手表坏了吗？怎么才过了一个半小时呢？”马超笑道：“刚才我打电话给妈妈，就发现密码城的 1 个小时相当于我们世界的 10 分钟。”

赵明听了连忙摸了摸脸，说道：“再不离开，用不了多久，我该长皱纹了，我可不想老得太快。”

“走？那也得有密码币呀！”

赵明一拍脑袋，兴奋地说：“明天国王接见我们，说不定国王一高兴，会赏我们 1 万个密码币呢。”

“哈哈，那你不成了密码城的大富翁了？”小雅乐道。

“难道我不像吗？”赵明摆了个 POSE。

“别做白日梦了，我们还是快点找家旅店住下来，我有点累了。”马超打断了赵明的话。

三个小家伙来到一家名为“ABC”的旅店，门口的字幕上打着：

A	B	C	A	B	C	A	B	C	A	B	…
欢	迎	入	住	欢	迎	入	住	欢	迎	入	…
请	取	门	牌	号	请	取	门	牌	号	请	…

赵明首先办好了入住审核，领到一张标有“30”的房卡，开心地笑道：“我先去找房间了，你们慢慢办手续。”

马超和小雅都找到自己的房间后，看到满头大汗的赵明跑过来，他抱怨道：“服务员肯定给错房卡了，楼上楼下我都找遍了，也没看到哪个房间号是 30。”

马超笑道：“30 可不是房间号，你必须先算出自己的房间号。”

“如何算？”

马超解释道：“30 是指第 30 组表示的字母与汉字，根据旅店门口的字幕，ABC 三个字母循环，30 ÷ 3=10，所以表示字母‘C’；‘欢迎入住’四个汉字循环，30 ÷ 4=7……2，表示‘迎’；‘请取门牌号’五个汉字循环，30 ÷ 5=6，表示汉字‘号’，所以你的房间号应该是‘C 迎号’。”

赵明恍然大悟：“原来是这么回事，害得我瞎找了半天。”

半夜，赵明敲开了马超的房间门，说：“我怕你一个人睡太孤单了，今晚我陪你睡。”

“去去去，我才不怕呢。”马超说完就要关门。

赵明这才可怜兮兮地说：“你就行行好，让我睡你这里吧，我的房间没水没电，用啥都得先解开密码。”

马超心一软，赵明马上钻进被窝，乐道：“今晚咱俩挤挤睡，要不你去我的房间，对了，走之前先帮我把电视密码解开。”

“要看电视，你自己动脑筋！”马超无奈地和赵明换了一间房。

“294736294736294…，前 400 个数字的和是多少？”赵明看着电视屏幕上的提示，算了半天，也没算出来，最后迷迷糊糊地睡着了。

答案：

(2＋9＋4＋7＋3＋6)×66＋2＋9＋4＋7=2068

第二天清晨，马超和赵明还在睡梦中，被一阵喧闹的锣鼓声吵醒了，他们走出旅馆一看，原来是国王的车队来迎接他们了。

为首的大臣客气地说道：“国王有令，请两位智者进宫！”

赵明激动地说道：“别急，这场面太隆重了，快帮我拍个照留念一下。”

“一、二、三，笑一个！”

赵明拿着照片，得意地笑道：“这张照片够我炫耀一辈子了！”

他们进入皇宫，赵明这摸摸那瞧瞧。“快给我拍照，马超，我

这姿势摆得如何？”

马超：“我看你是乐不思蜀了，你就留下来吧！”

这时国王走了过来，说道：“这个王国哪里都好，就是时间过得太快了！”

“老爷爷，您今年高寿了？”马超问道。

“72岁了，可按原来的时间算，我也就过了12年的时光。”国王无奈地说。

马超想到自己的手表上的时间过了10分钟，可这个密码城却已经过了1小时，正好是6倍。“老爷爷，为什么会出现这样的现象呢？”

“唉，许多年前，一个外星人安装了一台时光机，这里的时间就变快了，是原来的6倍，我想尽一切办法破解时光机的密码，可一直没能成功！”

“什么？是原来的6倍？那再过10年我就70多了？不行，我要回家！”赵明号啕大哭起来。

老国王说道：“只要你们能帮我破解了时光机上的密码，时间就能恢复，我就让你们回家！”

“什么密码？我也许能破解。”马超想试一试。

国王带着他们来到一台机器前，说：“密码是一个三位数，如果把数学 6 添在它的前面可以得到一个四位数，添在它的后面也得到一个四位数，这两个四位数的差是 1611。”

马超想了想后，列出两个算式：

$$\begin{array}{r} 6ABC \\ -\quad ABC6 \\ \hline 1611 \end{array} \qquad \begin{array}{r} ABC6 \\ -\quad 6ABC \\ \hline 1611 \end{array}$$

“哈哈，这个算式我会解，C=7，B=8，A=4 或者 C=5，B=4，A=8，有两种答案。”赵明好像突然间变得聪明了。

时光机的密码破解了，密码城的时间恢复正常了，老国王亲自为马超和赵明开启了时光机，送他们回家。